聖經

經典聖典的跨時空解讀

A Very Short Introduction, Second Edition

The Bible

JOHN RICHES

約翰・李奇斯
著

劉凡恩
譯

目錄

第一章

現代的聖經：經典抑或聖典？

偶爾會有人說，就未曾被瀏覽的這個層面而言，《聖經》要多過世上任何書籍。此言難獲證實，不過卻清楚反映出歐洲基督徒們對世人漠視聖經的普遍憂心，但同時也忽略了一項堪稱更重要的事實，即《聖經》仍為世上讀者最多、影響力最大的書籍之一。

若舉辦一場全球書籍競賽：「當今最具影響力」以及「當今讀者最多」——兩者截然不同——應該會很有趣。馬克思的《資本論》（*Das Kapital*）可能仍是前者寶座，與後者則幾乎絕緣；湯瑪斯・潘恩（Thomas Paine）的《人的權利》（*The Rights of Man*）與亞當・史密斯（Adam Smith）的《國富論》（*The Wealth of Nations*）也有機會躋身前者決選。能同列此名單者，當然也包括科學類（如達爾文的《物種起源》（*On the Origin of Species*））、哲學、文學和藝術。而在面對世界幾大信仰時，它們能有多少機會出線？「影響力」這項指標並非太精確，這樣一個比賽的最終贏家，多少也反映出裁判的樣貌。

全球讀者最多的當代書籍名單中，一致同意《聖經》穩拿勝券，估有二十五億本銷量，免費贈閱者更不計其數。另外幾大宗教經典也名列前茅：《可蘭經》有八億冊，《摩門經》（*The Book of Mormon*）有一億五千萬本。

其他站上億本銷量者還包括一些文學名著，狄更斯的《雙城記》（*A Tale of Two Cities*），托爾金的《魔戒》（*The Lord of the Rings*），暢銷犯罪小說如阿嘉莎．克莉絲蒂的《一個都不留》（*And Then There Were None*），J. K. 羅琳的《哈利波特》（*Harry Potter*）系列。而貝登堡（Baden-Powell）的《童軍警探》（*Scouting for Boys*）與《摩門經》及《魔戒》差可比擬。

某些政治書籍有時也站上浪頭，挑戰《可蘭經》與《聖經》在兩大排行榜的寶座。《毛語錄》當時讀者數達八至九億，影響無遠弗屆，目前則很難說。幾大宗教典籍的影響力可能就比較深遠。

這場想像中的競賽並不著重在宣揚特定作品道德或美學上的優越，如果這些真有討論空間，勢必得在別的場域。此處的重點是在凸顯「宗教重要典籍之特性」，它們深入影響人們生活，讀者涵蓋各階層文化教育背景。這是如何做到的？

為《可蘭經》回答這個問題不是我的任務，儘管比較它與《聖經》的相同點會很有趣。為《聖經》作答才是這本極簡介的主要目的。為何《聖經》這部古代文集到了現代、後殖民、後工業的世界，仍對人們的生活有如此龐大的影響呢？

我先介紹當今的一些《聖經》讀者，好呈現它非比尋常的吸引力，它有能力與各種教育程度、文化背景、思想信念的人們互動，無論這互動是正是反，並同時描繪出由此所衍生的各形各色閱讀樣貌。

菲律賓的瑪麗・約翰・馬南贊（Mary John Mananzan）是本篤會修女，身兼加百列（Gabriela）主席，這個組織由來自草根的四萬名女性組成。在力爭婦女權利及尊嚴的過程中，馬南贊開始質疑那股對聖母馬利亞的虔誠。菲律賓婦女被教導要順從丈夫與上級，如同馬利亞順服上帝旨意孕育其子：「情願照你的話成就在我身上。」馬南贊從路加福音裡馬利亞的讚頌（教會稱之「尊主頌」（Magnificat））找到抗衡之道。馬利亞如此歌頌上帝：

他用膀臂施展大能；那狂傲的人正心裏妄想就被他趕散了。
他叫有權柄的失位，叫卑賤的升高；
叫飢餓的得飽美食，叫富足的空手回去。
（路加福音 1:46-55）

這根本是一個積極而顛覆的馬利亞，崇敬的是一位排富濟貧的上帝。馬南贊帶領學生上街遊行，《紐約先驅論壇報》（*New York Herald Tribune*）描寫她：「教導社會行動而非社會禮儀。」而菲律賓四十年後的杜特蒂政府，仍指控她為共產主義者、恐怖分子。

迪尼斯・森古蘭（Dinis Sengulane）主教屬於莫三比克聖公會。莫三比克在一九七五年獨立後，飽受「莫三比克全國抵抗運動」（RENAMO）與「莫三比克解放陣線」（FRELIMO）兩黨的內戰肆虐。森古蘭主教所屬的教會組織致力促成和平，最終獲得不可思議的成功。在一次與「莫三比克全國抵抗運動」黨領袖的關鍵會談中，主教拿出聖經，念了兩節登山寶訓（馬太福音 5:7, 9）：

> 憐恤人的人有福了！因為他們必蒙憐恤。
> 使人和睦的人有福了！因為他們必稱為神的兒子。

他請求該黨憐恤莫國人民，終結戰火。他呼籲黨領袖成為和平使者，如此將成為神的兒子。「而你若不願邁向和平，」主教繼續說，「我們倒要看看，你是誰的兒子。」這位領袖要求森古蘭主教留下聖經，好讓他與手下將領們分享。

丹尼爾・博亞林（Daniel Boyarin）是加州大學柏克萊分校塔爾木德文化系（Talmudic Culture）教授，他在著作《激進的猶太人：保羅與認同政治》（*A Radical Jew: Paul and the Politics of Identity*）中主張，保羅自己身為猶太人，卻對傳統中強調猶太民族特殊不凡的觀點深刻批判。「並不分猶太人、希臘人，自

主的、為奴的，或男或女，因為你們在基督耶穌裏都成為一了。」（加拉太書3:28）

而這種「天下一同」的傾向並非沒有危險。想固守傳統的人要如何是好？這個美麗新世界有他們的位置嗎？隨後的猶太教與基督教兩者間的歷史顯示，拒絕認同猶太人的特殊性召來了何等可怕的後果。同樣地，猶太人追求重建以及維持與以色列土地的特有聯繫，也帶來嚴重問題。保羅對猶太教的文化批判必須被傾聽，這批判本身也須面對激烈批評。擁有美國及以色列雙重國籍的博亞林教授認為，比起錫安主義（Zionist）的復國主張，離散狀態（Diaspora）的猶太人（意指以色列之外的猶太群體），是較好的社群關係模式。

崔西・蜜契爾（Tracy Mitchell）是化學工程科班出身，她第一份工作是在一家跨國飲料公司，隨後投入公平貿易金融，現在是蘇格蘭佩斯利（Paisley）一間小型公平貿易公司的總經理，該公司主要是從非亞兩洲小農進口食品。這工作讓她密切接觸到一些很能幹的人，而這些人的生活環境充滿不可測的風險與挑戰。

她的信念來自每日閱讀聖經，認真思索。她寫道：

> 聖經中有許多經文啟發我的日常生活，最重要的可能是彌迦書 6:8。過去十五年左右，我大多投入與公平貿易相關的專案，我在這方面的熱情源自於對慷慨上帝的信仰，祂愛我們而遣來耶穌基督，如今要我們愛我們的鄰居，並「行公義，好憐憫，存謙卑的心而行」。
>
> 當我在工作上碰到難關，我常驚訝於上帝透過祂的話語以及我每日的讀經點出問題所在。這兩年特別打動我的經文有出埃及記 14:14（耶和華必為你們爭戰；你們只管靜默，不要作聲），和以賽亞書 43:2〔尤其是《信息本聖經》版本（*The Message-The Bible in Contermporary Language*）這句「當你深陷麻煩，有我在」〕。（摘自私人通訊）

關於最後這個聖經讀者的例子，進步派也許無感。魯思文（Malise Ruthven）在他那本迷人的旅遊札記《神聖超市》（*The Divine supermarket*）中，提及與黎曦庭（Tim LaHaye）牧師的一次會面，黎曦庭是所謂末日神學的主要支持者之一，他們相信聖經揭示了世界末日的確實景象——始自以色列的建國，包含重建聖殿、一場大規模的世界大戰、猶太人的信奉，以及將真正的信徒送上天國（「被提」（the rapture））。

「聖經說：『沒有人知道那日子或時辰，』」黎曦庭說，「但我們能知道在什麼季節……最重要的徵兆之一就是當以色列跟俄國都成為世界的重要角色，就像兩千五百年前先知所言。在我們這個時代之前，俄國不過是蕞爾小國，而以色列根本還不存在。」他繼續引述以西結書描寫以色列如何遭北方勢力入侵。他相信，在俄國侵略以色列之際，上帝將不可思議地出手將其毀滅。

關於《聖經》讀者的可舉之例不勝枚舉，結束在黎曦庭的例子或許最好，以免這種隨機、個人的讀者名單太過樂觀或不足。以不痛不癢的觀點來看聖經，絕非我的意圖。我知道聖經曾被用於許多震驚世人的目的，也曾用於自由公義。例如支持種族隔離的荷蘭改革宗教會（Dutch Reformed Church），便堅信這種政策出於聖經，有神學支撐。在此同時，我也知道對於許多反對種族隔離的人來說，《聖經》是指點道德與宗教方向的啟蒙之源。我們必須面對的事實是，雙方都能從《聖經》找到指引和光亮。猶太與基督教社群體現聖經的各種方式，可說既使人著迷又令人心緒不寧。

本書第一個章節，將檢視《聖經》歷經的種種形式、深入世界每個角落的漫長且複雜過程。第二章探看聖經在成為今日樣貌之前，曾走過哪些傳統與階段。第三章一窺當今猶太和基督教各宗派認可為權威（正典）的聖經典籍，是如何海納百川地融入不同著述。第四章則看這些聖經版本如何被賦予特定的形式樣貌和語言，以及如何被推廣至整個世界。

其後將著眼在聖經漫長歷史中曾歷經哪些閱讀方式。在第五章，我們會一探猶太和基督教信徒的聖經閱讀。第六章將深入探討《加拉太書》豐富的接受史。第七章聚焦於激烈影響聖經形象的重要解讀，尤其從宗教改革到啟蒙時期。第八章探討聖經在殖民歷史扮演什麼角色。第九章研究它在政治界的地位。第十章放眼聖經在高雅文化與通俗文化的位置。總結此書的摘要則見於第十一章。

當然，讀者與文本之間的關係十分複雜。是聖經的多樣性造就了許多不同的讀者群嗎？抑或是，其實是各色讀者為了自身目的和意圖而形塑了聖經，或者從字面上看就決定哪些著述應該要涵蓋哪些不要，或是象徵性地採取不同的解讀策略？要如何面對聖經的各式解讀？隨著我們探討聖經的閱讀與影響，這些問題將不時浮現。

在此我要鄭重提出免責聲明。我不可能為所有的聖經讀者發聲，甚至無法公平地挑出各種觀點。首先，就如第三章所言，並無所謂「聖經」一書，只有數量龐大的聖經典籍，它們涵蓋的經卷有別，經文排列的順序也不同。再者，聖經屬於全世界許許多多的宗教（以及沒那麼宗教性的）群體。我是一名白種人、男性、歐洲人、生於英國、隸屬聖公會（Anglican Christian）、曾在蘇格蘭一所大學教授新約聖經。一般來說，大學思想開放，某種程度地鼓勵師生要有國際觀。

感謝眾多海外學子和訪客豐富了我們的學院生涯。儘管這一切有助於擴大自我認知，我卻無法假裝它能使我完全超越社會和文化的融合，至少在一定程度上，它使我成為我自己。雖然我所屬的讀者群與其他同類群多有往來，我卻只屬於某一特定團體。我們的閱讀思考是基於自己的特定背景，對於自己急迫的問題，只能反省屬於自己的深層假設與信念。我的立場所關心的某些議題，確實有其全球性，而且也是世界上許多群體所關心的，但即便如此，我仍不可避免地會站在自身角度去思考這些議題。我會儘量保持開放，避免這類偏差，但讀者應有警覺！

第二章

聖經著作如何寫成？

就一本極簡介紹書中的一個短篇來說，這是個不可能樂觀的標題，但我們仍得談談聖經中的篇章是如何成為現在這種面貌。本章將以幾個例子來代表聖經豐富無比的材料。

先簡單介紹這些文本完成的時期。舊約全書最早篇章可能始於西元前十或十一世紀（士師記五詩歌），最晚（但以理書）成於西元前二世紀的馬加比（Maccabean）時期。新約全書寫成的時間橫幅短上許多，保羅書信最早約起於西元五十年，其餘大部分都落在一世紀當中。經仔細研考，新約全書最晚應屬彼得後書，約為二世紀中期。換言之，在聖經文本涵蓋的時間跨度下，作者們的生活情境——政治、文化、經濟、生態——相差不可以道里計。

有的文本反映遊牧生活，有的出自正規王朝與寺廟崇拜時代，有的寫於流亡途中，有的完成於外來威權壓迫之下，有的來自宮廷，有的出自充滿魅力的遊走傳道士，有的作者還自詡有希臘世故文人風。整個跨度包含了荷馬、柏拉圖、亞里斯多德、修昔底德、索福克勒斯、凱撒、西塞羅和卡圖盧斯，見證了亞述帝國

（西元前十二到七世紀）與波斯帝國的興衰（西元前六到四世紀）、亞歷山大遠征（西元前三三六至三二六年）、羅馬帝國崛起直至統治地中海（四世紀到西元前二七年大公國建立）、耶路撒冷聖殿崩毀（西元七〇年），及羅馬帝國勢力伸至蘇格蘭部分區域（西元八四年）。

口述與讀寫能力

這些散落在時間長河中的諸多文本有一個共同點：它們都身處在一個高度重視寫作的文化，儘管大都集中在專家身上。最早期的聖經文本，時間大致符合文字從楔形與象形進步到使用字母。楔形文字全是由楔形工具刻寫在泥板的符號。象形文是指文字的聲音、想法，用於紀念銘文，或以筆寫於紙莎草。最早的字母起源於腓尼基人，所有的輔音字母以墨水刻寫在紙莎草或類似的材料上。這相對方便好帶，那麼製作較長文本遂成為可能。新字母寫成的文本可寫於卷軸，材料常為皮革，可容納以賽亞書全部六十六章。之後抄本（有點類似現今書籍模式）的出現，使查詢和攜帶更加便利。一本古抄本可涵蓋整個四福音書，長度約為這本書的兩倍半。早期基督徒將此用於文學作品，時間可溯至西元一世紀，四世紀左右已成常規。

新的語言技術發展是當時最了不起的科技之一，重要性可比擬十五世紀出現的印刷機。然而，聖經時期的文化主要仍透過口語，書寫文本幾乎都靠口耳相傳，接收到文本內容的人十之八九但憑耳聞，並沒有讀過。所有今天以書寫形式存在的內容，無論法律、預言、格言、詩歌、敘事，大概都始於口語，之後才交付書寫。舉預言性的神諭來說，最初由先知口說，弟子們牢記，之後再寫下。從一開始的神諭，其後的書寫，接著與類似資料的整合，到成為預言書，幾個世紀已然過去。以賽亞書即是如此。即便是一人所著的文本，就像保羅書信（Pauline epistles），也多半是口授給抄寫員謄寫，儘管保羅有時會親自問候：「請看我親手寫給你們的字是何等的大呢！」（加拉太書 6:11）。

聖經成書的整個時期，口述跟讀寫能力唇齒相依。這點可從文本不同類型的讀寫能力窺見：有些來自文學圈，經常是宮廷；餘則多為敘事、演說的口頭背誦。約翰．巴頓（John Barton）曾說，希伯來聖經最早的文本，其風格與冰島傳說雷同，近似口語敘事。公認為四福音書中最早的馬可福音，無論就其粗獷的希臘風格來說，或就其與耶穌故事以及教導的口述傳說接近程度而言，文學程度要屬最低。相對地，路加明確地告訴我們，他身為一名希臘史學家，對資料來源有仔細過濾（路加福音 1:14）。其風格文學氣息濃厚，呼應希伯來聖經的希臘文翻譯。

聖經的文學世界

在讀寫能力及口述交織的境域裡，聖經文本的書寫形式如何發展出來？對於這項寫作任務，聖經作者們與現代小說家採取的途徑勢必不同。小說家頗能掌握材料，憑藉經驗與想像創造一個文學整體，其文學形式、典故及傳說的擷取隨心所欲。相對地，無論就口述或文學而言，古時宗教文本的作者則相對受限於過往遺緒。他們是作者，其實也是編者。

展讀創世記開頭，便能體會那是何等不同的文學世界。我們從首章了解到：神於六日創造天地萬物，第七日安息。敘述之始，描繪混沌黑暗，天體、地與海、植物動物的創造，到造出男女來到最高潮。「神就照著自己的形像造人，乃是照著他的形像造男造女。」（創 1:27）。故事強調創造本身及內蘊的美善與價值，男女甚至尚未出現，而這並未否定人類治理這個新創世界的地位，如二十八節所說。話雖如此，人類治理有其限度，人與動物都吃純素，要到洪水過後（創 9:3-4）人才得准食肉。此章結束於神完成造物而歇息，想著一切所造，「看哪，甚好。」

截至目前，我們還看不太出來這是如何不同的文學世界。但來到創世記

2:4，故事重新啟動，風貌截然不同，故事架構殊異，第一章採用的按日描述不見了，事件順序迥然有異：簡短描述天地創造之後，神使霧氣從地上騰，滋潤遍地，造了活人／亞當（希伯來語「亞當」，是人名也是「人類」之意）。此名雖屬通用，但這亞當是男性，相當獨立。接下來的故事就都圍繞在神如何供養他。首先，神立了園子，有各樣的樹與果可作食物，智慧之樹例外。神又造了各樣走獸飛鳥與亞當相伴。但這一切仍不夠。最後神使亞當沉睡，取其肋骨造成一女。亞當心滿意足，至少當時如此。故事結束於夫妻成為一體，快快樂樂，並不恥於自己的赤身露體。

這兩段敘事的差異令人驚異，風格有別：第二章屬傳奇風；第一章屬「儀式化事件之排演套路」〔巴頓，《聖經歷史》（*A History of the Bible*）〕的教士風。第二章敘事十分人性地描繪神，把人擺在創造中心，在述說女人來自亞當肋骨時，生動地暗喻女人從屬男人。神如雕塑家，用塵土造人；亦如科學怪人似地，使男人沉睡然後取其肋骨造一女人。這跟第一章那種敬畏描述神的工作何等不同：「神說：『要有光』，就有了光。」（創 1:3）——這貫穿全章的基調。再次地，第二章讓整個創造目的圍繞在男人的需求上。一切因男人而生，沒有他就沒有一切。在第一章，人的確是創造之最，但仍屬整體過程的一部分。最後，第二章的造人敘事毫不掩飾以男性為尊：創造男人為先，其餘一切悉聽尊便。女人的創造出現在尾聲，作為最後手段，接著馬上犯錯。

最後一個差異不易從英譯本看出。創世記第一章，神是以希伯來語「elohim」呈現，那實際上是複數詞。創世記第二章，祂又被稱為 YHWH（可能讀音為耶和華，但在最早的卷軸，記錄下的只有輔音）。

換言之，我們有同一故事的兩種版本，對重要性不亞於神的角色冠以不同名詞，且對於創造順序、男人女人之創造、以至男女彼此關係問題，實有相當的矛盾性。

這類現象於聖經處處可見。前面五書對下列事蹟各有不同且多少矛盾的描繪，例如：洪水（比較創世紀 7:2, 3 與 6:19, 7:8, 9, 15）、亞伯拉罕的遷移（創世紀 12:1-4a; 12:4b-5）、神應許亞伯拉罕（創世紀15與17）、曠野之嗎哪與鵪鶉（出埃及記 16:2-3, 6; 35a; 民數記 11:4-34）、十誡（出埃及記 20:1-17; 34:10-28; 申命記 5:6-21），還有禁吃某些動物的飲食限制（利未記11及申命記14）。專門詞語的使用經常有別。立約是在西乃山（如：出埃及記 19:1, 24:16），其他經文則是何烈山（申命記 4:10, 5:2）。有些故事談及瀕死、瘟疫、會眾時偏好用希伯來語，在相應情節中卻又鮮少出現。對應的版本不僅存在，且被分門別類，採用一致術語，顯示這些類別各有源頭和歷史。

我們如何看待這一切？典型的學者觀點是，聖經故事源自四種不同文本，歷時彙成聖經前五書。根據這些來源的特定語言用法，它們被稱作J：耶和華典（Jahwist source，源自希伯來語 YHWH 的德語譯文）、E：伊羅因典（Elohist source）、P：祭司典（Priestly source）、D：申命記典（Deuteronomist source）。後來又有學者質疑J、E並無清楚分野。最早材料可溯及十一世紀。

表一　《摩西五經》來源的典型觀點

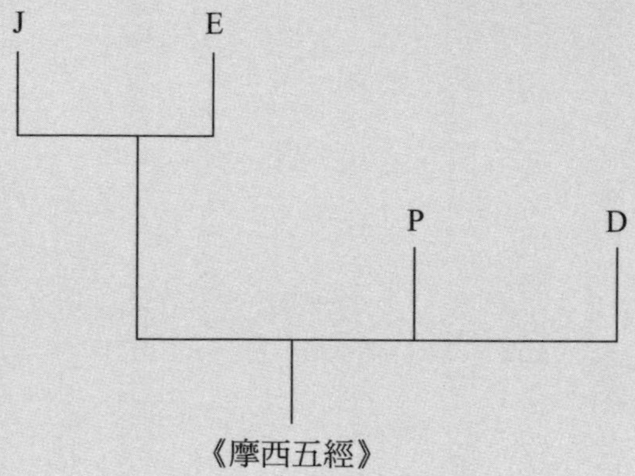

最後整合見於五世紀，修訂本可能涵蓋P的全部觀點。所以《摩西五經》〔（*Pentateuch*）或稱妥拉（Torah），猶太說法〕包含六個世紀間的資料，合成一完整圖像，描繪出天地草創、神如何待其子民——特別是以色列人民（表一）。

不僅舊約的經卷起源來自各種口述、文學，福音書亦然。福音書為耶穌的一生、死亡、復活提供了四種講法，相同處雖也不少，角度與細節卻有令人玩味的差別。前三部——馬太、馬可、路加，一致之處很多，不僅在許多事件的順序以及大部分的細節上是如此，在敘事的整體文學架構上亦然，連句子構造、用字遣詞、文法形式都是如此。這種語言上的一致性太令人驚異，以至我們不得不斷言這當中必有某種文學仰賴：有人抄襲了誰。

就舉稅吏被召的故事來說。

馬太福音 9:9-13

耶穌從那裡往前走，看見一個人名叫馬太，坐在稅關上，就對他說：「你跟從我來。」他就起來跟從了耶穌。耶穌在屋裡坐席的時候，有好些稅吏和罪人來，與耶穌和他的門徒一同坐席。法利賽人看見就對耶穌的門徒說：「你們的先生為什麼和稅吏並罪人一同吃飯呢？」耶穌聽見，就說：「康健的人用不著醫生，有病的人才用得著。經上說：『我喜愛憐恤，不喜愛祭祀。』這句話的意思，你們且去揣摩。我來本不是召義人，乃是召罪人。」

馬可福音 2:13-17

耶穌經過的時候，看見亞勒腓的兒子利未坐在稅關上，就對他說：「你跟從我來。」他就起來跟從了耶穌。耶穌在利未家裡坐席的時候，有好些稅吏和罪人與耶穌並門徒一同坐席；因為這樣的人多，他們也跟隨耶穌。法利賽人中的文士看見耶穌和罪人並稅吏一同吃飯，就對他門徒說：「他和稅吏並罪人一同吃喝嗎？」耶穌聽見，就對他們說：「康健的人用不著醫生，有病的人才用得著。我來本不是召義人，乃是召罪人。」

路加福音 5:27-32

這事以後，耶穌出去，看見一個稅吏，名叫利未，坐在稅關上，就對他說：「你跟從我來。」他就撇下所有的，起來，跟從了耶穌。利未在自己家裡為耶穌大擺筵席，有許多稅吏和別人與他們一同坐席。法利賽人和文士就向耶穌的門徒發怨言說：「你們為什麼和稅吏並罪人一同吃喝呢？」耶穌對他們說：「無病的人用不著醫生；有病的人才用得著。我來本不是召義人悔改，乃是召罪人悔改。」

比較這三種版本很有啟發性，留心其間相同的字句，注意有時微小卻重要的差別。馬可與馬太版：「我來本不是召義人，乃是召罪人。」（背景為耶穌召人跟從他）跟路加版「我來本不是召義人悔改，乃是召罪人悔改」的差異十分顯著。

學者花費相當心神與精力研究是誰抄襲誰。雖不無爭議，但一般觀點是馬可寫於最先，馬太與路加則沿用馬可以及一個所謂Q的來源，這個Q據說主要是耶穌的教誨。這讓研究早期基督教的史學家得以根據不同的福音書加上Q，重建各種神學觀點。但故事還沒結束。馬可這個最早的福音書呢？他的這些材料哪裡來？在他背後必然有著他搜集並排序的口述傳說。同理，那被置入Q的材料（多為同時存在於馬太及路加的教誨）最初可能也是口述，而非書寫形式。

學者試圖重建福音書背後的口述歷史，結果卻不理想，中間的轉換期間過短：耶穌死亡到馬可福音成書，才不到四十年。這意味口述情節尚不足以定調，雖說關於耶穌最後時日的口頭描述可能較為詳細，且可能曾用於基督徒崇拜，為福音書中種種耶穌之死（受難描述）的說法奠基。即便如此，究竟馬可福音（甚至那假設性的Q）裡哪些元素來自傳說、哪些來自馬可自己，很難定論。

然而，耶穌的故事及教誨被寫下以前，很可能透過各種口述流傳。就如希伯來文聖經，福音書源自口頭文化。兩者雖有此相似點，然而福音書成書之快，也的確驚人。有關耶穌一生、死亡與復活的四部重要文學記載，成書於約四十年間，清楚顯示出在一世紀地中海世界的各個階層，文學創造的重要性不斷升溫。這也說明了早期基督徒亟欲融入那個社會的熱切，儘管他們相信他們所知道的世界即將戲劇化地結束。

總而言之：聖經許多經卷並非一個作者於幾年間完成，它們是穿越數個世紀、反映許多群體傳說的匯總。即使是各卷有其作者的新約，福音書仍是重要的共有創作，保留了早期基督徒的許多傳說。

不過，雖說聖經書寫根植於口頭文化及傳說，卻也絕對屬於文學作品。首先，它們採用文學的形式和手法。聖經蘊含大量這類形式，希伯來文聖經傳統上分為三部分：妥拉，先知書（Prophets），聖卷（Writings）。「妥拉」（或摩西五經）由最先五部經卷組成，包含敘事及律法；有些部分以敘事為主（創世紀、出埃及記、民數記），有些則多為律法材料（利未記與申命記）。申命記描寫摩西給人民的最後囑咐，他離世後人民在約書亞帶領下進入神應許之地。「先知書」的文本包含敘事及神諭，之前還有約書亞記、士師記、撒母耳記、列王紀和歷代志的淵源。後面這些經卷，故事說得精采，也再度以獨特的神學觀點，描繪以色列民族的歷史。「聖卷」裡交織著詩篇、箴言，與更多的歷史典籍。

成書不到兩百年的新約（下一頁表二），另外增添了不少形式。福音書頗像當代的傳記或「人生紀錄」；書信類，從極短的個人溝通（腓利門書），到「羅馬書」中保羅十六章的侃侃而談；行為類，記錄名人舉止；天啟類，「啟示錄」，是於一世紀猶太教風靡一時的當代形式。

表二　新約全書約略時代與當代作家

西元年分	新約全書經卷	希臘與拉丁當代作家
49	帖撒羅尼迦前書	亞歷山大港的斐洛（Philo），希臘化猶太哲學家（西元前 15 年至西元 50 年）
52-54	加拉太書	
	哥林多前書	普魯塔克（Plutarch），希臘史學家、哲學家、作家（西元 46 至 120 年）
55-56	哥林多後書	愛比克泰德（Epictetus），古羅馬斯多噶派哲學家
	羅馬書	（西元 50 至 138 年）
60-62	腓利門書	尤維納利斯（Juvenal），古羅馬諷刺作家（西元 58 至 138 年）
	腓立比書	塞內卡（Seneca），古羅馬斯多噶學派哲學家，皇帝尼祿下令自殺（西元 65 年）
68-70	馬可福音	佩特羅尼烏斯（Petronius），古羅馬諷刺小說家，自殺而亡（西元 66 年）
75-90	馬太福音，路加福音，使徒行傳	馬提亞爾（Martial），古羅馬諷刺詩人（西元 40 至 104 年）
90 年代	約翰一書、二書、三書，猶大書	
95-96	啟示錄（西元 41 至 100 年）	
100-130	彼得後書	
其他經書（歌羅西書、以弗所書、希伯來書、提摩太前／後書、提多書、雅各書）大致落在西元一世紀最末三年間。		

也就是說，聖經的作者與編者們採用各種文學形式來展現作品。在聖經編寫的傳統裡，這類文學形式日益重要，限制了典籍的寫作方式。甚至福音書這種出於馬可之手的形式，其作為當代生活的一個特殊變體，也立即受到眾人仿效，包括其他正典及非正典的作者。聖經，既借鑑文學傳統形式，也自行衍生出許多形式。

聖經裡的文學典故

作者們引述聖經早期經卷的手法，反映出在文學傳統中耕耘的意識。當作者記載史上重要人物的平生事蹟，總不免加以比較。即使申命記說了：「以後以色列中再沒有興起先知像摩西的。」（申命記 34:10），卻不能阻止其後的作者強調這點。當約書亞奉摩西之命領以色列民進入應許之地，抬著約櫃來到約旦河時，穿越紅海的暗示便很清晰。兩種情況下，人民都在海邊安營，早晨再動身。海奇蹟地分開，水作了牆垣（出埃及記 14:21-2），「立起成壘」（約書亞記 3:13, 16）。約書亞完全按摩西的指示而行，百姓敬畏他，「像從前敬畏摩西一樣」（約書亞記 4:14）。類似的比較，可見於士師記第六章基甸受召與出埃及記第三章的摩西受召。之後的重述又將這類比較更形擴大。

在希伯來文與希臘文的經外文獻和新約聖經的重述中，這種過程持續下去。馬太福音的嬰兒故事，沿用摩西誕生故事的描述及其他間接影射。馬太福音 2:19-20，主的使者對逃離希律王到埃及的約瑟顯現說，可安全返家，這段幾乎是在覆述出埃及記 4:19-21，耶和華在米甸對摩西說的話。

這些簡短的例子呈現的是一個活生生的宗教傳說，文本則在其中自我對話。某部經卷視為神聖真理的，其後的書寫會取材演繹。這種文學層面的交互作用，實非此處所能盡述。摩西的形象貫穿聖經，奠定敘事手法，成為後面人物的評斷標準。同樣地，出埃及、曠野跋涉、獲得應許之地將不斷出現，成為形塑律法的、預言的、聖禮的材料。聖典提過的重大事件，無可避免影響到人們當下的體驗和夢想的未來。以賽亞的預言以「曠野跋涉之後進入應許地」為主題，鼓舞流亡者夢想回歸，期盼以色列之光榮復興，諸國皆將來敬拜錫安，敬拜聖殿與國家之榮耀（見以賽亞書 40:1-11, 60:1-14）。

同樣的憧憬形塑了耶穌誕生時猶太人的信仰。庫姆蘭宗派（Qumran sectarians）——死海古卷（Dead Sea Scrolls）的作者們，於西元一世紀在猶大曠野建立了一個規範嚴謹的社群；循著以賽亞書 40:3，「在曠野預備耶和華的路」，他們看到自己進入荒漠，正是為以色列的終將收復、為聖殿的重建作預備。同樣地，在馬可福音裡，施洗者約翰經宣揚「主的道」展開福音。他指出，自己在曠野中施洗是為耶穌預備道路，耶穌將在他以後來到，能力更大，要用聖靈與火為眾人施洗。

思考這些文本形成的時空背景很有意思。以賽亞書來自以色列流亡巴比倫時期，它向這些生活被連根拔起的人，提出可回歸應許地、回歸榮耀的承諾；不僅如此，諸國還將前來承認主的榮耀。相對地，庫姆蘭宗派是在這片土地內部流放，認為羅馬占領勢力及聖殿祭司遭黑暗之靈統治。他們的世界再度被外來勢力顛覆，獨立遭到剝奪，宗教傳統和國家的宗教領袖受到迫害。他們同樣對歸返以色列創建時刻的預言懷抱期待，只不過，他們期待的並非結束流亡的實體回歸，而是能夠推翻占據勢力，恢復舊有的聖殿和祭司。

在馬可福音，這種古老預言的意義又上一層。為羅馬一群受迫害的外邦基督徒書寫的馬可，不可能去關心以色列和耶路撒冷聖殿的重建。對他而言，「主的道路」始於約翰於曠野施洗，經過耶穌傳教、醫治、趕鬼等事，直到耶穌被釘十字架、聖殿幔子裂開的耶路撒冷。然後門徒被告知要回加利利，從該地出發傳福音到萬國。馬可的外邦社群所面臨的問題——野蠻的公開凌虐、處決——不再只屬於單一國家，解決方法也不能再從國家重建去思考。對馬可而言，這些難題的解答，在耶穌之綑住撒旦，以及他召喚人跟從他（可 3:14）並傳福音給萬民（可 13:10）。

充滿生命的口述與文學傳說

在這一章，我試圖讓讀者理解聖經經卷如何組成，尤其想強調它們源自一個文學漸漸興起、多方面仍屬口語文化的時代。這使得聖經成為深根於猶太人和基督徒口述傳說的集合文本。這些文本是逐漸寫成文字，而這過程又歷經幾個階段。今天我們看到的經卷，可能曾取材或融入其他的文學收藏與文獻。

口述傳說一旦被記載，即能影響未來文學作品的創作，或新的口述材料的編輯。聖經初期作品影響到之後的書寫，同時也被之後的書寫改造甚至推翻。口述也好文字也好，傳說是一種動態，有時充滿爭議。它當然不只一種聲音，各種聲音說的卻是相同語言。它們挑出主題、詞句，共享意象概念，然後以有時南轅北轍的方式重新發表。

它們是活潑廣泛的交流，包含故事與歷史、律法規範的辯論、箴言及教訓、書信和願景。這樣的文本語彙豐富，不同時空背景的人們可藉此接受自己經歷的一切好壞。這些文本蘊藏豐富的法律、社會、政治智慧，人們可藉以整頓事務、強化國力、敦親睦鄰。它們也是夢想之物。過往的、掙脫束縛的、曠野中堅忍不拔的偉大事件，有可能在未來重現。新世界可能會以令人稱奇的方式反映著過往及其榮光。我們會看見，源自聖經文本的挪用與改寫，將在猶太人與基督徒社群之後的歷史不斷發生。

第三章

聖經的成書

聖經的眾多名稱

截至目前我無拘無束地談論「聖經」（the Bible），未曾探討這個名詞可能的意義。這詞彙源自希臘文 biblia，純粹是 biblion 的複數，意思是書。聖經這個單數形式，蘊藏了它字源中的多元性，聖經乃是多書集合之大成，當中有哪些書？為何成書？

《牛津英語詞典》（*Oxford English Dictionary*）如此定義聖經：「基督教正典，包含舊約與新約全書；猶太正典，包含妥拉或律法書，先知書，聖卷（Hagiographa or Writings）。」這反映了這個名詞的淵源，先是基督教專有名詞，再流傳被廣泛使用；這也指出所謂的聖經在內容上可能差異有多大。

先談一下命名。這些經卷並非自始就被視為聖經。猶太聖典有許多名稱，最為人所知的有「經文」（scripture）、「聖典」（sacred scriptures）、「正典」（books）、「二十四卷正典」（24 books）、「律法書，先知書，聖卷」、「塔納赫」〔（Tanak）取自經文中不同章節的希伯來語字首而成——律法書（Torah），先知書（Nebi'im），聖卷（Ketubim）〕、「密咯拉」〔（mikra）字面意為「（大聲）誦讀之物」〕。後兩者成書於中世紀，「猶太聖經」和「希伯來聖經」名稱則更為晚近，儘管很難指出確切的源頭。此際它們已獲宗教研究系所的高度重視，在這多元文化或多重信仰的背景裡，諸如「舊約系主任」這類的頭銜似乎不合時宜。

這些猶太名稱裡有基督教用法的源頭。我們可在新約中看到「經上說」（scripture，scriptures）。單數時，可指特定經節（如馬可福音 12:10），或是整個經文（如羅馬書 4:3）。後者的用法可能源自希伯來聖經的希臘語翻譯：「七十士譯本」（Septuagint）；比方說，原希伯來文的「照耶和華所吩咐」被譯為「照經文中神所吩咐」（如：歷代志上 15:15）。後世承襲了這種用法，在拉丁文的聖經（sacra scriptura）已經成為標準，中世紀多瑪斯·阿奎納（Thomas

Aquinas）的著作便是。羅馬天主教神學界也習慣如此指涉聖經。

有時在新約裡，可看到希臘文 biblion（書之意）代表律法書（加拉太書 3:10、希伯來書 9:19）：作者們同樣沿用了七十士譯本的用法。一世紀希臘其他的猶太作者，例如著名的約瑟夫（Josephus）及斐洛（Philo），都很喜歡用複數形式的 biblia。這在四世紀末的教會圈已成為準則。到了中世紀，這個借自拉丁文的 biblia 開始被視為單數詞，並散見於其他歐洲語言：the bible、la bible、la biblia、die Bibel 等等。

總而言之：聖經這個代表一系列聖典的名詞，最初是用於表達各類版本的基督教經卷，之後才用於猶太經卷，以此來區分基督教經卷與希伯來經卷。所以「聖經」在最近的用法中，語意並不明確：有可能指各種猶太聖經，也有可能指基督教聖經。

現在我們必須探討，這些叢書如何誕生，其間差異何在。猶太、基督徒不同社群的正典在彙編、修訂的過程裡，衍生出什麼樣的多元性？

猶太正典的塑成：希伯來聖經及其希臘語版本

編訂一個特定社群的經文的過程，通常稱為正典化（canonization）。希臘字 kanon 意為枝條或蘆葦，衍伸為規則或量尺。為某個社群打造經文正典，就是在打造能約束該社群的叢書。這對猶太和基督經文都是複雜的過程，更別說要使用不同的語文了。彙編和翻譯是緊密相連的。我們先看希伯來聖經的形成，繼而再看其希臘文版本的七十士譯本。

希伯來聖經的形成

我們已經了解，組成希伯來聖經的文本歷時漫長，約經九百年。之後，彙整成社群權威叢書的過程也是迢迢長路。簡言之，我們可以說聖經早期經卷是先定型為：律法書，和記載以色列人進入應許地的故事以及其後歷史的書。接著是先知書；最後即我們所知的「聖卷」：詩篇、詩歌、箴言，及更多沉思（有時顯然是懷疑）的著作。律法書大概是在西元前四〇〇年正典化，先知書為西元前二〇〇年左右。最後的聖卷何時制定，則頗不明確。

死海古卷發現的聖經手稿，證實了前面兩部（律法書與先知書）相對穩定、第三部分則頗為浮動的印象。我們看到一世紀某猶太教派藏書的內容（狀態常十分破碎），涵蓋目前希伯來聖經所有經卷的一部分，以斯帖記除外。由此可知，對於什麼應該放進猶太聖典，那時已有很大的共識，但其他方面顯示出這個時期仍有相當的浮動。庫姆蘭發現的詩篇副本，與後來正典版本的出入頗大：包含詩篇一一〇篇在內的三十五章失蹤，卻另有為數不小的「附加」。這份藏書，連同僅屬於該教派的著作，也包含一些未見於目前希伯來聖經卻出現於七十士譯本的經卷。有些仍不屬猶太或基督徒社群的正典之列（如重述創世紀文本的《禧年書》（*Jubilees*），其神學思想與該教派本身著作的某些精神很接近），但《禧年書》可見於埃塞俄比亞聖經。

這麼看來，希伯來聖經的最終樣貌，約莫成於西元七〇年耶路撒冷聖殿被毀後的一段時間。那麼，正典化是如何進行的？當聖殿祭司不在，誰有權決定哪些可作為正典？是傳說中聚集在亞夫內（Yavneh）的約哈南・本・撒該（Johanan ben Zakkai）的那群法賽利人嗎？現在很多人懷疑他們擁有那樣的威權，能獲得地中海及中東地區猶太社群的尊重。比較可能的情況是，這一切是逐步發生的。人們漸漸領會某些經卷的價值，以及另外的某些危險。歷經猶太戰爭（西元六六年至七三年）、巴爾科赫巴（Bar Kochba）起義（西元一三二年至一三五年）敗給羅馬人之痛，人們學到要謹慎看待那些宇宙之戰、推翻猶太敵人的激烈書寫。發現自庫姆蘭藏書的以諾書（book of Enoch）遭到排除，其它許多如但以理書則被保留，可能是因為它們在戰爭之前即已廣泛流傳。正典究竟該涵蓋哪些內容，可能一直要到進入二世紀一段時間後，才終於塵埃落定。

這也並非故事的結局。此時期的正典書寫是沒有標點的希伯來文（部分則是亞拉姆（Aramaic）語）。容我說明。希伯來字母系統共有二十四個子音（雖然有些可權充母音），所以字是由一堆子音所表示。要到希臘文出現，字母系統才有純粹的母音。這清楚意味著，對一組子音的閱讀方式，可能會有不同的意見。不僅可能有諸多方式提供「失蹤」的母音，抄寫手稿時也可能會將子音們重整歸類，形成截然不同的組合，亦即全然不同的字詞，這為錯誤抄寫留下很大的空間。從西元六世紀開始，這類問題由馬索拉（Masoretes）學士解決，他們打造出一個系統，為子音文本加注代表母音存在位置的符號。

希臘語翻譯：七十士譯本

西元前四世紀末起，隨著亞歷山大的成功征戰，希臘文成為猶太世界的主要溝通橋梁。猶太社群橫跨整個地中海及中東地帶，許多猶太人成長於亞歷山大港這個說著希臘語的城市，就讀於希臘學校。許多人不再說希伯來語。從西元前三世紀中葉開始，《摩西五經》逐漸被譯為希臘文，其他經卷於其後一個世紀跟進。換言之，譯為希臘語的過程，大約與希伯來正典確立的時期相當。

希臘版譯文通稱為七十士譯本，源自拉丁文 septuginta，意為七十。《亞里斯提亞書信》（Epistle of Aristeas，西元前二世紀中葉）說到，有七十二位長老應埃及國王托勒密要求，將《摩西五經》譯為希臘語。他們受到極好的照顧，埋首全力以赴，七十二天就完成使命。雖然一般認為這只是一則傳說，名稱卻從此沿用，連學術圈也不例外。這部譯作常以羅馬數字 LXX 表示。

這個翻譯與正典化的並行過程有幾個令人困惑的特點。首先，某些經卷的希伯來版跟希臘版存有顯著差異，特別是耶利米書，希臘版的篇幅短了八分之一。（庫姆蘭發現的希伯來文耶利米書與正典希伯來文本的相似度，尚不如希臘版本）其次，經卷的數目差異很大。不同版本的七十士譯本之間如此，七十士譯本跟希伯來聖經之間亦然。以斯拉記上、所羅門智訓（Wisdom of Solomon）、便西拉智訓（Sirach）、友第德記（Judith）、托比特（Tobit）、巴錄書（Baruch）、耶利米書信（Letter of Jeremiah）、馬加比傳一到四書和所羅門詩篇（Psalms of Solomon）未見於希伯來聖經，卻包含在七十士譯本。第三，排序有異。希伯來聖經的三分法遭七十士譯本揚棄，摩西五經與其餘史書之間沒有清楚區分，於是經卷順序難有共識：有些手稿將詩篇與智訓作品擺在預言書前〔如《新教聖經》（*Protestant Bibles*）〕，其餘則恰好相反。有些版本中，但以理書被擺在大先知書內，在其他版本卻被放在小先知書。

基督教舊約

七十士譯本原是為住在離散地的猶太人所寫，之後基督徒社群將之視為媒介，教會由此認識了舊約（從此沿用其名）。因此從一開始，基督教聖經便比希伯來聖經包含更多經卷。而七十士譯本的用語影響了許多新約作者。在四世紀末／五世紀初的耶柔米（St Jerome）將基督教聖經譯為拉丁文之前，七十士譯本的地位未曾受到質疑。耶柔米採用目前我們所知的希伯來聖經初期文本，煞費苦心地學習希伯來語。他的譯本為基督教舊約拉丁文官方版——所謂的《拉丁文聖經》（Vulgate）——奠下堅實的基礎。

而基督教舊約的歷史卻沒有中止於此。聖經譯為拉丁文，標誌了一個分歧的開端：從此有西方拉丁語系基督教，與東方基督教；後者說著希臘語、敘利亞語、科普特語（Coptic）、埃塞俄比亞語等等。東方教會的聖經差異很大：埃塞俄比亞東正教正典包含八十一冊經卷，其中有諸多啟示錄文本，如庫姆蘭所發現而之後遭猶太正典摒除的。一般而言，可說東正教會比較循著七十士譯本，舊約包含的經卷比猶太正典為多。

西方的情況亦然，直到宗教改革才有變化，並重新燃起對舊約希伯來文本的興趣。這方面他們追隨耶柔米，欽定版或詹姆斯王聖經的譯者們稱他是譯自「湧泉本身」，也就是希伯來文本。其中伴隨著對希伯來聖經所有經卷的尊崇，而非僅看七十士譯本。這些經卷顯然別於舊約與新約，被稱作「名為『偽經』（Apocrypha）之卷」。Apocrypha 這個複數名詞源自希臘語，意思是「藏有」或「隱晦」，由德國宗教改革家迦勒斯大（Carlstadt）於一五二〇年提出，暗指這些經文是留待明眼人。改革家們對這些文本存疑，因為馬加比傳第二書包含了給死者的禱詞（馬加比傳二書 12:43-4），這是他們所拒斥的一項天主教習俗。這種不信任感反映在英國聖公會公禱書（Book of Common Prayer）的選集，當中選自偽經來公開閱讀的章節甚少，主要是傳道書（便西拉智訓）、巴錄書、索羅門智訓。相反地，羅馬天主教會重申這些經卷的權威性，稱其為「次經」（deutero-canonical），即第二層級的正典。這事情還有後續。一八二〇年起，愈來愈多（新教）聖經協會印製的聖經不再包括偽經。而較近期的普世版——如「大公版聖經」（Common Bible），則已將次經納入。

基督教新約

基督教的新約（即有獨特基督教起源的著作）正典化過程，跟希伯來經卷正典化差異不大。

基督教早期自然沒有基督徒所寫的經卷。那時基督徒的「聖經」，便是他們後來稱作舊約之書。最初的基督教著作也不可能作為聖典，但是當基督教著作開始被視為聖典時，與既有的正典做出區別就有其必要性。舊約與新約之名出現在

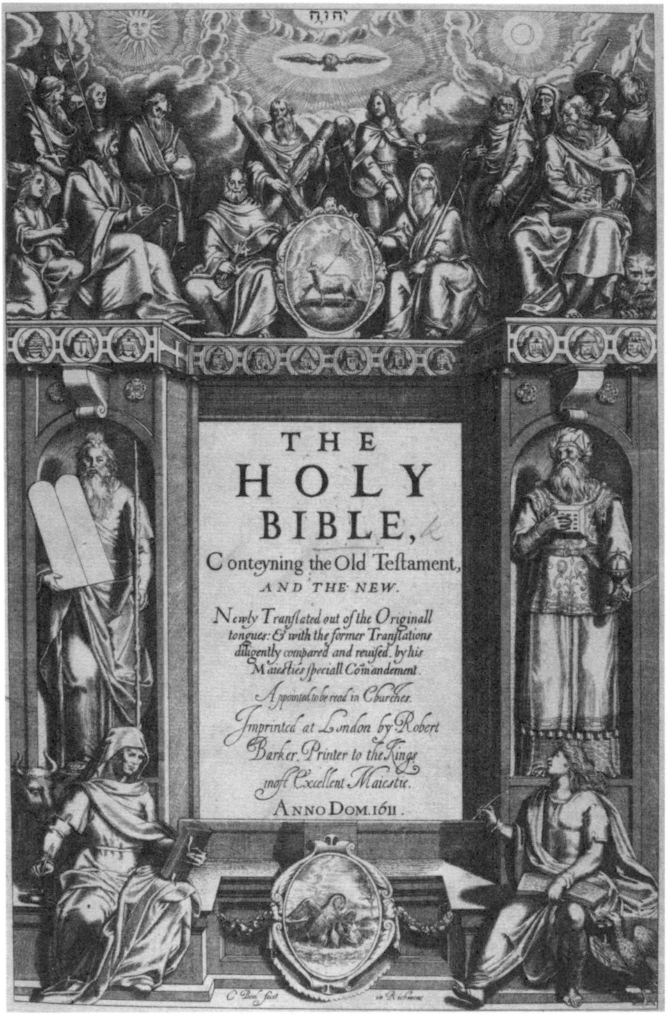

圖一　詹姆斯王欽定版封面。（圖片來源：© 2021. The British Library Board/Scala, Florence.）

西元二世紀間，最初它們分別代表神透過摩西與以色列人民、透過耶穌與教會所立的約。就像基督教經文的慣例，這名稱表示這些經卷屬於舊約或新約，而非這些經卷本身即是盟約。後來當然這些名稱指的是經卷本身，就像欽定版聖經封面所示：「聖經：包含舊約與新約」（圖一）。

一些基督教早期的著作選，是如何被教會認定具有權威性？經卷入選目的各有不同：保羅書信與地中海地區的教會偶作交流（或例外地與單獨一人：腓利門），探討特定的信仰與實踐。它們某種程度地代表保羅本人，提供建議、規勸、論述、告誡、責備，代保羅行使權力，可能主要是在信眾聚會時朗讀出來。從一開始，它們便具備使徒權柄，在特定社群的禮拜上擁有地位。其他有些信，尤其所謂的天主教書信（雅各書、彼得前書後書、約翰一至三書），則可能是為更廣大的對象而寫，啟示錄便是如此，儘管嚴格說來那是天啟（紀錄異象和啟示）而非書信。

福音書是出於何種目的所寫就十分難說了。有人以為同保羅書信一般，也是針對所屬社群的特定議題。有這麼一說：馬太福音寫於聖殿被毀之後，是為他的基督教猶太會眾爭取在主流猶太群體（法利賽族裔）中的合法地位。因此耶穌被描述為成全律法與先知的老師（太 5:17），而法利賽人被斥為是瞎眼領路的（太 15:14）。另一方面，我們絕不能忽視一個明顯事實，即傳道者主要是在記載耶穌的生平、死亡與復活，他們為後代記下那些圍繞他們信仰的事件，並頗具貢獻地提出觀點。這樣辛苦的工作，他們不可能只是為了某個地方的一小群會眾而做。當然這些著作迅即流傳甚遠，且很快又有我們從新約得知的那四書之外的作品出現。

隨著基督教著作逐漸遍及地中海區域的教會，擘劃一張公認的權威書單便成為必要，以作為教導和實踐的方針。此一過程的證據分散四處，而且往往並不直接。學者檢視西元二至五世紀時神學家如何使用各種基督教典籍，以探究教會對特定經卷的權威性或正統性所做出的裁決。

正典形成的第一個階段是搜集基督教著作。保羅書信是要納入的最早作品，大約在西元二世紀初。最早期的收藏有十封信（哥林多前後書、羅馬書、以弗所書、帖撒羅尼迦前後書、加拉太書、腓立比書、歌羅西書、腓利門書）。之後的版本加入所謂的《教牧書信》（Pastoral Epistles）：提摩太前後書和提多書。最終，也加入了希伯來書（與其他書信不同，這封沒有保羅給收信人的開場白）。到二世紀尾聲，這套書信在教會領袖間獲得廣泛的推崇使用，儘管（或因為？）事實上，那曾是最早的「異教徒」之一馬吉安（Marcion）最仰賴的教義根據。

接著要成形的是《四重福音》（fourfold Gospel），這比較有爭議。四部正典福音大概都寫成於西元一世紀末，卻絕非福音書寫之末。過度生產的大量佳音對一般讀者形成困擾，這份信仰的基本事件竟是如此多元，很容易使人困惑不已。西元一七〇年，塔提安（Tatian）試圖解此困境，從馬太、馬可、路加福音及其他一些口述資料整合出一套文本，但並未成功。到了二世紀末，一部《四重福音》終於受到認可，當中有四卷經文，每卷針對特定傳道者的角度宣揚「那個福音」。這種對多元性的包容很了不起，將政治妥協體現於基督教正典核心：沒有一個競爭者，即便是合體的群組，可以得到壓倒性的支持。在這背後我們又可察覺到一項廣泛認知：四人都親睹的一個福音，並沒有一個說法能充分闡述。這個認知反映在各福音書上的標題：「馬太福音」，依此類推。福音書被視為四人各自從其立場，試圖描述教會已然看見的奧祕。

這兩部文集成形於西元二世紀末，而對於置入新約正典的第三個主要部分——天主教書信，內容上的共識就沒有那麼一致了。這些信被視為寫給所有教會，並非針對特定會眾。雖不是普遍如此，但一般來說在二、三世紀，彼得前書與約翰一書被納入正典。其他則要等更久：雅各書、彼得後書（較後期書寫）、約翰二三書（極具爭議性，尤其是對那些被視為離群之人，信徒連與之招呼都不准），支持猶大書者更少。直到六世紀，東方某些地區仍排拒約翰二三書。

所以看來，教會接受基督教著作的過程乃是漸進式，與這類彙編搜集的成形密切相關。西元四世紀出現了一些正典清單，在不同程度上包含現今正典的大部分內容，以及一些如今已被排除的。此外還有明顯的差異，特別是彼得後書、約翰二三書、希伯來書、猶大書、啟示錄，有些清單把它們都拿掉了。

在這漫長的過程，終由教會會議做出一系列的決議而敲定，儘管其中並無任一會議可代表全體（普世）教會。雖然有所謂的決議，但其實爭議仍舊很多。老底嘉（Laodicaea）大公會議（西元三六三年）剔除了啟示錄；希波（Hippo）會議（西元三九三年）與迦太基會議（西元三九七年）訂出目前這二十七經卷的清冊。經卷要合乎條件的通則包括：作者被認定是使徒之一；對象為整體教會（符合天主教標準）；來自早期；被認定為正統。但這些標準在運用上卻是自由心證：希伯來書的作者是否為使徒——存疑；保羅書信不盡合乎天主教；猶大書與彼得後書的傳世期間並不長。啟示錄之所以受到質疑，部分原因是它頗受異教團體〔如孟他努派（Montanists）〕歡迎，另有部分原因是：有人聲稱它的許諾將於基督在地上統治時實現，而這觀點太容易扯上政治動盪與顛覆。其作者的使徒身分受到質疑，直到十、十一世紀才被東方接受。

正典用途為何？

我們非常簡短地看了不同的經卷集如何由不同的信仰群體編成，並被賦予神聖和規範的地位。我們看到在猶太與基督教社群中，這個過程大致屬於非正式，不同群體的經卷被認定為神聖的、權威性的、特別適於崇拜之用。套用後來基督教神學的語言：接受正典的過程，早於正式定義的過程。再者，認可過程往往充滿爭議。不只某些經卷文集的漸受肯定會是個問題，某個文集、或最後官方版文集中的某些經卷也受到挑戰。人們不僅為「該納入什麼」而戰，也為「該拿掉什麼」而戰。在東方，啟示錄因當中對千禧的狂熱備受質疑。這類經卷具有顛覆性，必須嚴謹對待，慎重解讀。

換言之，正典化的過程，便是賦權威予某些經卷，並排除其他經卷。聖卷擁有必須審慎加以控制的能量：對相信它們的社群來說，它們是生命與力量的來源，但它們也帶有威脅。仰賴它們生存的社群可能會因其而分裂。曾支撐一個社群走過歷史的經文，有可能會忽然遭到人們反對，引發痛苦且劇烈的裂痕。

正典權威是什麼樣的權威？任教於耶路撒冷的猶太哲學家摩西・哈貝爾特哈爾（Moshe Halberthal），提出很有幫助的區分：規範的（normative）、形塑的（formative）。認可某文本為正典，可以宣稱其包含（或導致）調節人們生活的常規。這些文本為眾人提供了「做出決定、調解紛爭、規定信仰及實踐守則」的依靠。律法或許是這類文本的最佳範例。根據這項觀點，稱聖經為正典，即宣稱它完全可作為教會規範信仰與實踐的依據。聖經裡有描述的舉止，就可視為規定（或至少允許）某些行為：例如，為死者祈禱（馬加比二書 12:43-4），或滅絕原住民（約書亞記、士師記、撒母耳記上15）。

正典著作也可能具備形塑作用。為某些國家奠定教育課程基礎的文學經典或許不具規範性的法律效力，然而對於那些接受它們的社群來說，仍有相當強大的形塑作用。古希臘經典文學、《聖經與莎士比亞》、歌德與席勒和其他典籍，各自為歐洲及北美提供了相同的語言與思維，使人們得以談論和理解自身的經歷。由這樣一部著作塑成的群體，比較會有某些基本的世界觀，了解何謂得體舉止。這既使他們緊密相連，也提供他們對共同信念熱烈爭辯的手段。

實務上，聖經典籍便扮演了這樣一種形塑的角色，從守則制定到生活信仰的規範，都可從中借鑑。它們為普通信眾——就是那些沒有強烈信仰的人——提供理解生活的工具，這些人也各自以其方式借重聖經。對許多人而言，這無可爭議。禮拜儀式、讚美詩、祈禱文都脫胎自經文的語句、圖像隱喻、敘事，進而塑造了信徒的態度、情緒與價值觀。

有時，藉聖經的語言和意象來理解自身經驗的各種方式，會引起激烈的爭辯和衝突。庫姆蘭教派的猶太人與當代其他猶太人遵循著相同的經文；對於聖殿、應許地、律法、盟約的基本信念一樣，但對這些信念的細部解釋則大相逕庭。十六世紀基督教的宗教改革家與天主教會的教皇、神父的信仰大致相同，對經文卻有不同的理解。當路德終於抓住他據以建立宗教改革的「神的義」的精髓時，他說，那有如天堂大門在他面前敞開：閱讀聖經、以至理解世界和人們行徑的方式，就從這項突破展開。而這又隨著廣發的手冊與蓬勃的詩歌力道大增，產生一種截然別於中世紀教會的宗教情懷。一世紀的猶太人、十六世紀的宗教改革家與天主教會都以聖經為規範，想以此解決這類爭端的權威，卻只有加劇衝突。

這兩種閱讀經文的方式，在聖經流傳史中屢見不鮮。聖經某些章節很容易被視為規範，尤其像是出埃及記與利未記的律法條例、歌羅西書（3:18-4:1）和以弗所書（5:22-6:9）的家庭規範，儘管想把如此不同的條文拿來應用，但可能會引起許多困難。

這類經文是特例而非原則，絕大部分的文本並不輕易落入這種範疇。它們是長時間彙總的成果，絕非總是明確的，許多都充滿隱喻或詩意，旨在促使人從自身立場重新審視世界，而非給予一種觀看方式。在所有的這些情況下，讀者並不只是從中汲取守則，而是形塑性地閱讀，逐步釐清及打造自己對世界的信念和經驗。

對於把某經文納入聖典，哈貝爾特哈爾還提出更重要的一點：該經文的意義將從此受到限制，且在某個意義上遭到改變。此時的假設必須是，若它是社群的權威性經文，就必須支持社群的信念與習俗，且在某個程度上適合規範這些信念與習俗，但如果它顯然與之相悖呢？雅歌是美妙且無遮掩的情歌，但這類詩歌作為聖經有何作用？傳道書的觀點實在讓人生疑——一部徹底否定「美德與惡行、獎賞與處罰有任何關連」的書，該如何解讀？面臨這些狀況，得設法找到詮釋的策略，以消弭矛盾，為聖典的不一致導入和諧。就像哈貝爾特哈爾有些挑釁地指出，這些經卷因被納入聖典而改變了意義，它們在此就必須具備妥適的含義。

類似的觀點，也可用來解釋福音書及保羅書信這類經卷成為基督教聖典時，其意義上的改變。以女人在教會應當要蒙著頭（哥林多前書 11:5-6）來說，原是強烈呼應一世紀某些基督教社群的文化信念、用於解決特定爭端，但卻成了永恆的聖律。福音書原被視為使徒回憶錄，旨在記載耶穌的所言所行，後來則被視為這些言行的權威注解。

本書接下來將更進一步檢視人們如何閱讀聖經，其中大部分是信徒，但也包括不以聖經為一切準則的人。這在很大程度是一種描述性練習。我希望，人們光看到有那麼多種的讀經方式，便足以激發一定程度的尊重。對某些人來說，這種尊重伴隨著深情，甚至是愛。對另一些人來說，則比較類似對未爆彈所懷的敬畏。會有這些反應都是可能的也很自然，我們不難理解。

而在那之前，我們得先看看這些經卷如何被賦予各種語言及外貌，又如何被散播至全世界。

第四章

聖經的翻譯、製作與流傳

對於多部密切相關卻迥然有別的聖經——皆源自更廣泛著作的選集，前面兩章呈現出它們被猶太和基督教社群作為權威性文本的複雜過程。這是一段漫長的歷史，始自八世紀一位先知以賽亞的發聲，到把六十五章的著作納入權威性經卷成為猶太或基督教的正典。

以下還有一則故事要說。宗教社群的追隨者如何——或者說究竟有沒有人——取得那些經卷？幾個世紀以來，以賽亞的預言以希伯來文保存在卷軸上，在認可其權威性的各個社群集會中被高聲朗讀，供宗教專家私下捧讀冥想。進入西元第一個千禧年後，隨著手抄本（基本上是該書前身）的出現，這種情形改變了，至少部分聖經將更容易到達識字者手裡。到了四世紀，全本聖經已有手抄形式。

我們也已看到，語文是一道障礙。在西元前二世紀之前，已有將希伯來文譯為希臘語的需求。原文為希伯來語和希臘語的版本有了拉丁文翻譯，加上羅馬時期的延續，來到中世紀時的基督教西方世界，聖經幾乎都可用拉丁文閱讀，但是不在多數人能接觸到的範圍。因為費用、教育、階級控制，所以導致只有知識分子——受過訓練的專家，能接觸到聖經。手抄本很昂貴，能識字的幾乎都是有錢人和專業人士，只有他們才懂拉丁文——西方世界最廣泛、也是聖經使用的語言。更重要的是，眾多的經卷在內容、類型、源頭上如此分歧，卻要拿來作為教義和倫理方針，這就需要由專業人士來提出前後一致的釋義。

但基督教西方世界在面臨變化。十五世紀，依靠私禱的平信徒運動（lay movements）崛起，其後日漸仰賴閱讀聖經。這也見證了活字印刷，使製作較便宜的聖經成為可能，也為新教改革鋪路，且後者強烈渴望人人能拿到聖經。這對教廷與神職人員的權威形成重擊。聖經的翻譯、製作與流傳不斷加速，民眾受教育的機會提高，「讓更多人能閱讀聖經」成為主要推力。同時還有一股非比尋常的力量，力求讓多數世人至少能讀到部分聖經。

我們將更深入探討根植宗教改革的神學信仰，但必需先多少了解這運動背後的熱情與迫切。中世紀末，世間男女對於「人死後的命運」有著嚴重的焦慮感。

只要看看這時期教會吊掛的許多最後的審判圖，即可略懂一二。路德絕對深受永恆處罰與苦痛帶來的恐懼折磨。他在焦慮中轉向保羅書信，從閱讀裡得到解脫，讓他邁向天堂之路。

因此，新教改革乃建基於深刻的個人讀經經歷，這並非沒有前例。中世紀的神學家如阿奎納，便以閱讀聖經為基礎。十五世紀，隨著印刷的發展，這種為一己讀聖經的習慣遍及世俗大眾。牛津大學歷史學教授迪爾梅德・麥卡洛克（Diarmaid MacCulloch）指出，這是一種個體活動，推崇「更為內省、個人化」的奉獻形式。宗教改革家試圖讓每個想掙脫「受審」恐懼的人都能獲此讀經經歷。這帶來的解脫，深深觸動中世紀末主要城市的許多居民，使其脫離教皇束縛。閱讀聖經帶來凌駕一切的權威，連教皇與貴族也無法企及。

這種體驗如何推廣？第一件事就是要讓方言文本更加流通。十四世紀時，在約翰・威克理夫（John Wycliffe）的努力下，聖經被翻譯成中古英語（Middle English），以手稿形式流傳。來到十五世紀末，譯自拉丁文的白話印刷本已有高地／低地德語、義大利語、荷蘭語、西班牙語、捷克語、加泰隆尼亞語。一五二一年，藏身於瓦特堡（Wartburg）的路德，開始把聖經從希伯來文及希臘文翻譯為德語，一五三二年大功告成，野火燎原一般，新教與天主教的翻譯開始遍及歐洲。英國由丁道爾（Tyndale，西元一四九四至一五三六年）主導，從而有了一六一一年出版的詹姆斯王版本（譯注：即之前所提欽定版）。

這當中所需要的學術力不容小覷：路德必須學會希伯來文與希臘文，中世紀的學校並不教授這些。這類翻譯也有重大的文化影響。路德的翻譯形塑了德語，有點像之後的詹姆斯王譯本與莎士比亞形塑了英語一般。這些譯作為人們思考理解所處的世界奠定了基礎。

新的譯本無疑對其所在的歐洲文化產生深遠影響，它們的語言早已受聖經的信念和敘述所形塑。十八世紀，局勢截然不同了。此時聖經已被翻譯成歐洲各主要語言，隨著基督教傳教士的足跡伸至非亞，於是新一波的翻譯又起。第一個出版的聖經完整譯作是泰米爾語（Tamil，一七二七年），出自德國的宣教士巴瑟勒摩・齊真巴哈（Bartholomäus Ziegenbalg）；接著是馬來語（一七三三年），由荷蘭的梅爾基奧・萊德克（Melchior Leydekker）和彼得・范・德沃姆（Peter van der Vorm）翻譯。根據聯合聖經公會報告（United Bible Society's Report），截至二〇〇一年，聖經部分章節被翻譯成兩千兩百八十七種語言，當中僅兩百零三種為歐洲語。僅就數量來看，這樁事業成就斐然。

而這背後涉及的民族誌、語言學、詞典學，龐大到難以想像。許多時候，這甚至振興了在地語言的紀錄。一九九九年，數千名浸信會教徒聚集在緬甸欽邦（Chin State），紀念浸信會傳教士來到此處一百週年。在問到他們如何取得當時非常反對基督教的緬甸政府的許可時，他們回答：「我們說我們要慶祝欽語被記錄百週年。」

傳教士譯者早期如何找到能夠代表上帝的適當語詞，以及這如何引領他們去探索當地信仰習俗，拉明・桑納（Lamin Sanneh）對此有所紀錄。他描寫到一七三〇年代，捷克摩拉維亞（Moravia）傳教士喬治・施密特（George Schmidt），初次遇到科伊科伊（Khoikhoi）族人，並將他們帶出黑暗。當施密特告訴族人他來到此地的原因，他們回說：

「那很好，巴斯（老闆）。」

施密特說，我問他們知不知道有一位偉大的巴斯，賜他們牛隻和一切財產。

「知道，」族人回答。

「那你們如何稱他？」

「我們稱他土貴（Tui-qua）。」這是他們的答案。

這開啟了施密特與科伊科伊族人的新關係：當他擁抱了在地方言與當地對上帝的說法，就更深入他們的文化背景。他來此要向他們宣揚的上帝，也是他必須向他們學習的上帝。同樣地，他帶來的聖經被賦予了新意。隨後，以當地文字示人的聖經不是純粹的舶來品，而是重讀聖經，借助原民文化的觀念與說法，展現新樣貌。在此同時，桑納堅信，當地文化也將被轉型並注入活力，就像十六與十七世紀那些偉大翻譯為德英文化帶來的一樣。

聖經的製作

正如我們所見，書寫的具體形式隨歷史不斷改變：石刻、泥板上的楔形文、捲軸、手抄本、印刷本、電子書、有聲書等，不勝枚舉。宗教改革前，書寫的製作已有重大發展：古騰堡（一四三七年）與卡克斯頓（一四七六年）的活字印刷。木頭或金屬字體一次可以排成幾頁，每小時可產出約兩百至兩百五十頁。這種技術比較適合小本冊子與傳單，而非聖經這類大部頭，宗教改革的推廣恐怕比較仰賴宣傳小冊子（Flugschriften），而非聖經譯本的流通。在十六到十七世紀，聖經的製作開始增長，大開本的來到教會、學院、神職人員與仕紳手中；較小開本則用於學校，派發給教區居民與兒童。

西元十八世紀，私人讀經有了更重大深遠的躍進，推力主要來自復興運動；德國的虔誠主義（Pietism）及源自英國衛斯理的復興運動，將讀經拓展到了北美。要做到這一點，唯有靠大量製作聖經，而非以前的低廉成本能辦到。在此之前，聖經主要是在小房子裡印刷，字體數量一次只夠排幾頁，然後拆掉重排，速度緩慢，後續版本的編排還可能出錯，令教會高層非常擔憂。

而後於一七一〇年，卡爾．希爾德布蘭德．馮．坎斯坦（Karl Hildebrand von Cannstein）男爵在哈雷（Halle）成立了坎斯坦聖經學院。他有足夠資金讓整部路德版聖經所需的活字「立著」，可隨時再版和做必要的修正。一七一〇年至一七一九年男爵過世時，該學院共印行新約全書十萬本，聖經四萬部。

但真正讓聖經能以工業規模發行的突破點，仍要等到十九世紀來臨。此時有三件大事發生。首先，蒸汽動力被用來造紙。長網造紙機（Foudrinier，一八〇四年）可以生產出綿延的紙捲而非僅只單張。第二，定型技術問世。頁面字體設好，模具就由熟石膏或紙漿加上錫、銻與鉛合鑄的定型板製成。用過的字體可拆解重新使用。重點是，毋須重設字體即可修正。第三，書籍裝訂出現重大進展，可滿足聖經協會供應聖經及拓展市場的需求。

到了此時，所有階層的人都可接觸到書，出版界整個轉型。聖經得以大量製作，便宜生產。宗教出版社立即抓住機會。十九世紀中葉，位於紐約的美國衛理公會圖書協會（American Methodist Book Concern）已成為全球最大的出版社。

再來是如何散布聖經。聖經協會扮演了關鍵角色。這個階段，聖經是由基督教知識促進會（Society for Promoting Christian Knowledge）分發，數量有限。一八〇四年，在一次宣教協會（Religious Tract Society，RTS）的會議上，威爾斯地區加爾文衛理公會（Calvinist Methodist）的牧師湯瑪斯・查爾斯（Thomas Charles of Bala）說了瑪麗・瓊斯（Mary Jones）的故事：在威爾斯，這個小女孩努力存錢想買一本威爾斯方言聖經，為此步行了好幾公里，抵達時卻發現已無存貨。與會者當場決定成立一個新的協會，即後來的英國及海外聖經公會（British and Foreign Bible Society，BFBS），散布親民版的聖經，範圍不僅到英國和威爾斯，並且相當程度地遍及大英帝國與世界其他角落。

聖經公會屬於普世（ecumenical）性質，主要由不同神學派別的福音派分子組成。為避免內部產生教義衝突，散布的聖經「不得帶有注釋或評論」。他們在倫敦成立了一個中央管理單位聖經社（Bible House），但主要推力來自地方協會，尤其是女性公會（Ladies Associations），負責籌募地方及海外傳布所需要的資金。彷彿天意為之，英國及海外聖經公會的發展，正好與前面提到的書籍製作的發展同步，也和都市人口成長、宣教協會的努力、教育弱勢兒童讀寫的主日學運動逐漸繁盛並進。宗教文學的潛在市場龐大，聖經尤然。

類似的發展繼而在北美發生。一八一六年，幾個地方公會在費城成立美國聖經公會（ABS），其抱負不下於英國及海外聖經公會。一八二九年，它決定在兩年內讓全美所有家庭都有一本聖經。

英國及海外聖經公會與美國聖經公會都有拓展海外的野心，也和其他聖經公會互有往來。英國及海外聖經公會有一位外事祕書長，卡爾．弗烈德里希．奧古斯都．史坦科夫（Karl Friedrich August Steinkopf）。一八一五年拿破崙戰爭終了時，史坦科夫開發出一套挨家挨戶的賣書系統，銷售員遊走全歐販售聖經。這些人受挫時——尤其在天主教地盤，他們表現出的堅忍與勇氣，成為社會出版品的題材，喬治．鮑羅（George Burrow）寫的《西班牙聖經》（*The Bible in Spain*，一八四三年）登上次要經典地位。當中對吉普賽人的生動描繪引起普羅斯佩．梅里美（Prosper Mérimée）的注意，他就是喬治．比才的歌劇《卡門》原著小說的作者。

這種銷售方式並非總是遇到阻礙。英國及海外聖經公會的第一本西班牙文聖經，在一八〇六年來到阿根廷的布宜諾斯艾利斯與烏拉圭首都蒙特維多，距公會成立僅僅兩年。到了一八〇七年，英國及海外聖經公會印製兩萬本葡萄牙文聖經，水手們沿著巴西海岸分發。一八一八年，詹姆斯．迪埃哥．湯普森（James Diego Thompson）來到阿根廷與烏拉圭交界的河床區，隨後有了重大進展。湯普森是聖經推銷員，同時是鼓吹蘭卡斯特教學法（Lancaster method）的教育家。

約瑟夫．蘭卡斯特（Joseph Lancaster）於一七九八年在南華克區（Southwark）創辦一所學校，這區域是倫敦一處貧窮地帶。藉著導生制，讓高年級當低年級生的小老師，蘭卡斯特一次能吸收招募一千多名學童。這個方法非常成功，引起那些推展革命性民主理想者的高度關注，包括拉丁美洲的領袖們。蘭卡斯特應西門．波利凡（Simon Bolívar，委內瑞拉國父）之邀前往委國，也在哥倫比亞工作。

湯普森受到拉丁美洲更南方的自由運動的歡迎，包括阿根廷、智利、祕魯、蒙特維多。他在這些國家都設立了學校，為增進學生的閱讀能力，湯普森從聖經挑選素材，有一段時間完全不受干涉。一八二六年，英國及海外聖經公會聘請他在厄瓜多、墨西哥與加勒比海國家工作。聖經很快便流傳至二十五個國家。但壓制湯普森活動的勢力很快地來臨了。西班牙國王斐迪南七世（Fernando VII）與梵蒂岡日益密切，一八三〇年頒布法令，禁止散布西語及無注釋的聖經。數千本聖經從書店撤下或在港口沒收，不過倒也不是全軍覆沒；加勒比海地區和委內瑞拉的進展還不錯。英國及海外聖經公會募集資金，送給每位被解放的奴隸一本聖經，以「協助撫慰他與承受的磨難」。一八三四年八月一日，湯普森出席了牙買加黑奴的解放活動。

這個故事——也就是聖經傳布歐、亞、非的故事，了不起之處在於純粹的能量與浩瀚。接著，傳布聖經的手法與時漸進，大型聖經公會的合作逐日增強，過程愈走向原民化，在地教會與公會功不可沒。公會有時候會發現，自己的共事夥伴不可思議。一九四九年，中國共產黨政府成立，強行關閉所有聖經公會的運作，將其交付給當地中國人。雖有少數人私運聖經入境，不過絕大多數仍是與中國政府達成協議，成立由愛德基金會（Amity Foundation）營運的出版社。愛德基金會是一個獨立組織，由官方批准的地方教會成立。不同公會共募集八百多萬元美金，十三年後的二〇〇〇年，該基金會發行的聖經數量達到兩千五百萬本。

兩個世紀以來，經由各種推手，聖經的流傳帶來了巨大的文化變遷。最初由福音派基督徒所推動與出資的運動，加上女性公會在推銷和募資上的強力支持，使聖經傳至世界各個角落。聖經也在過程中產生變化：不僅外觀形式倍增，語言亦然，甚至更多。一方面透過翻譯，一方面透過世界觀與信仰全然不同的閱讀者，聖經滲入在地的傳統文化，不僅讓那些文化更新轉型，自身也融入進去。西方貿易與殖民主義確實為聖經的流傳提供了背景與諸多機會，並從聖經裡為其拓展尋找理由。然而最終，聖經的本土化意味著：它並未只是被視為殖民者之書。在被殖民、被奴役的土地上，有人從這本經書看到鼓舞他們邁向最終自由的力量，從中感受到安慰與希望；當殖民者離去，他們想要將它留存，作為屬於自己的擁有。

第五章

猶太人和基督徒眼中的綑綁以撒

一旦正典化，文本即產生變化，成為神聖經文。在認可這種新地位的社群信徒眼中，這些經文地位特殊，有別於其他。他們對這些經文的期待也全然不同於其他。作為聖典，它們絕不可能與信徒最根本的神聖觀有所抵觸。社群經驗與聖典世界若有一絲嚴重分歧，必得加以解決：修正聖典以合乎社群經驗，或是社群須改變以符合聖典。一段有力的互動展開。信徒就自身經驗閱讀經文，同時，他們透過文本理解並形塑經驗。同樣的經文，不同的信徒群體自有不同的解讀。從中可見其不同的信仰和歷史的映射。

這其實與非神聖的經典作品並無太大不同，但反應的強度不可同日而語。《包法利夫人》連載後，福樓拜因猥褻罪名受審，在他無罪釋放後，這部小說集結出書並且熱賣，至今仍被視為他最傑出的作品。對此比較具有啟發性的是：文學、美學作品與高品味、鑑賞力之間的衝突，多半只是一時的醜聞，鮮少導致群體間的長久對峙，倒是可能造成感性的變化。保守社會所漠視或壓抑的經驗，作家和藝術家卻能讓人們接受其高度與深度。我們也看到了：宗教群體接觸新的經文或詮釋時，感性亦將產生改變。這種碰撞常引發極大反彈，社群群體會起身捍衛「因既有經典詮釋而神聖化的世界觀」：

> 不管任何一種詮釋的說服性如何，那股信念始終正坐米德拉什（Midrash，譯注：原意為探索，主要是在為希伯來聖經發展出的詮釋做注解，通常包含三個相關且應予區分的含義）核心：聖經不僅是過往的記載，更是未來的先兆、伏筆及預言。若果如此，經文與個人經驗則非兩種獨立存在的領域，恰好相反，兩者互為啟迪：眼前事件有助解析古老聖典，相對地，經文揭示出最近事件／經驗的根本含義。
>
> ——朱達．高丁（Judan Goldin）

現在我們來看一則在猶太與基督教都引起深刻共鳴的文本，看它如何形塑這兩個群體全然不同的經驗，又如何被這些經驗所形塑。

阿克達（Akedah）

阿克達，是創世記二十二章亞伯拉罕捆綁以撒的故事，深深觸動猶太人與基督徒的感情。這則故事有奇異的暴力與溫柔，訴說一位父親被上帝命令去犧牲「他唯一的兒子」。直到最後一刻，亞伯拉罕和以撒才因天使的干預，逃過即將面臨的慘劇。這則故事充分展現聖經文本最極致的力量、精簡和周延。亞伯拉罕和以撒將僕人留下便出發：「亞伯拉罕把燔祭的柴放在他兒子以撒身上，自己手裡拿著火與刀；於是二人同行。」（創 22:6）。在兩節後重複出現的最後一句，與隨後的簡短對談，強調出父子的深情與擔憂畏懼；但亞伯拉罕對神的順服驅使他們上去獻祭山。到了那裡，他伸手拿刀要殺他的兒子，此時天使才出手干預。這近身的災難，讓這對父子將繁衍出一個新國度的應許得到了延續。

這段簡短精練的敘述所涵蓋的情感與經驗層次實屬非凡，後人閱讀的豐富多樣正反映出這一點。

對這個故事最早的詮釋之一可見於《禧年書》。其著述於西元前二世紀的時間說明了，作者是在反思塞琉古帝國（Seleucid）國王安提阿古・伊皮法尼（Antiochus Epiphanes）禁止猶太教的可怕事件。形式上而言，這是創世記與出埃及記前面內容的重述。作品的主要部分是神的使者對摩西講述，這讓作者得以填補故事的天國背景，解釋神為何要試驗亞伯拉罕（創 22:1）。天國散布著亞伯拉罕對神的忠實與愛的傳聞，促使撒旦挑釁要試驗亞伯拉罕愛神的真誠性，斷言亞伯拉罕更愛兒子以撒。神知道亞伯拉罕的愛毫無疑義，因為祂已經試驗過多次，不過卻仍然準備進行最後一次試煉。最後一次試煉的命題，將貫穿猶太人對此故事的討論。

因此，在《禧年書》裡，亞伯拉罕的試煉的這項主題，出現微妙卻重要的重點轉移。試煉，不再是神考驗亞伯拉罕是否愛與順服祂的手段。神（與讀者）從一開始便深知這點，也因為知道這點，神才在關鍵時刻出手干預。創世記中，當亞伯拉罕拿出刀來，神即透過天使說：「現在我知道你是敬畏神的了，因為你沒有將你的兒子，就是你獨生的兒子，留下不給我。」（創 22:12）。《禧年書》中，神行動的目的在公開證明祂早就知道：亞伯拉罕對神的忠實與愛。「我已讓所有人知道，你全然順服我所交代你的一切。」這遂成為給猶太人遭受迫害時的訊息。亞伯拉罕的試煉，以及延伸至他們自身的試煉，是為了讓眾人看見以色列人對神的忠實，因而「萬國都將因他們得福」（禧年書 18:16）。

在神試驗亞伯拉罕的忠誠的這個主題之外，撒旦登場擴大了故事的面向。世上存在黑暗勢力，他們甚至不放過最公義之人。透過十分隱晦的方式，撒旦得承擔一些人類受苦之責，而神與祂的使者則被描繪成在場捍衛忠實之人，確保以撒不受傷害（至少沒受肢體傷害）。但這如何與猶太人歷經迫害、殉難的經歷相呼應？

這類問題困擾著一世紀的猶太作家——亞歷山大港的斐洛。在這個城市裡，富有且擁有良好教育的猶太群體深受歧視迫害。在他的論著《論亞伯拉罕》

（*De Abrahamo*），他先處理一種指控：有人說亞伯拉罕的試煉，比起那些自願犧牲後裔以保全城市或人民的異教徒（pagans，譯注：指非基督教徒），其實微不足道。然而，斐洛說，對於無法接受犧牲人類的亞伯拉罕來說，犧牲自己的兒子勢必是更慘痛的試煉。在異教徒王公眼裡，這種事幾乎是第二天性（論亞伯拉罕，第一七七至一九九頁）。斐洛更廣泛地思索人類的苦難，提出了這個故事的寓意。以撒這個名字代表歡笑，出於對神的責任感，亞伯拉罕犧牲了歡笑，或該說「理解的美好情感，亦即快樂」。他這樣做沒有錯，因為純粹幸福快樂的生活只屬於神。但神會讓忠於祂的人分享一點這樣的快樂，即便那將摻雜著悲傷（論亞伯拉罕，第二〇〇至二〇七頁）。這讓我們想起猶太人的一則笑話：猶太人為何不多喝？因為喝了酒，就會忘掉煩惱。

但猶太人遭受的劇烈痛苦呢？安提阿古．伊皮法尼時代施加於猶太人的恐怖迫害（西元前一七五年），發展出猶太人在極端折磨下對神保持忠實的故事。其中之一（馬加比二書七章）說到一位母親目睹七名兒子的可怕殉難後，自己也遭殺害。之後在一則拉比的複述裡，這故事從安提阿古・伊皮法尼時期轉到二世紀時猶太人遭羅馬皇帝哈德良（Hadrian）的迫害。故事充滿這類磨難的苦痛，也充滿猶太人對殉難者的自豪。那母親哭著（對兒子）說：「孩子們，不要難過，因為你來世上是為此目的——使至聖者的聖名成聖，讚美主。去告訴亞伯拉罕神父：別任由你的心因驕傲膨脹！你建了一個祭壇，我卻建了七個，分別獻上我的七個兒子。不僅如此：你的是一場試煉，我的卻是既成事實！」〔雅爾庫特（Yalkut），申命記26，九三八〕。

中世紀十字軍東征時期，猶太人在萊茵蘭（Rhineland）遭受迫害的重述裡，可以看見對此故事更悲痛的反應。猶太編年史紀錄了當十字軍進攻時，猶太人不願被凌虐強迫改教，寧可將彼此當犧牲獻祭，檢視刀上是否有使犧牲無效的汙點，唱誦適當的祝詞。當時的猶太教詩歌把這類犧牲與綑綁以撒做了比較：

上帝啊，大能者，居住高處！
曾經因綑綁以撒，天使在您面前哀歌，

如今卻有多少人遭屠殺與焚燒！
為何孩子們的鮮血未見有人落淚？
在那長老匆匆要將獨子獻祭之前，
天上傳來呼叫：你不可下手害他！
但猶大多少兒女被殺——
祂卻不急於拯救被屠殺或被拋入火海的。

艾里耶澤・裘哈里發（R. Eliezer bar Joel ha-Levi），一首輓歌片段

但這時期對綑綁以撒故事最引人矚目的處理，是來自波昂的詩人作家以法蓮・雅各（R. Ephraim ben Jacob of Bonn）。在當中我們讀到，亞伯拉罕不僅真的執行了兒子的殺戮儀式，更在神迅速使以撒重生時，準備再度獻祭。

他〔亞伯拉罕〕急急用膝蓋壓住他〔以撒〕，
鼓起兩隻手臂，
穩穩地他按禮儀殺了他，

毫無差錯的屠殺。
復活之露滴在他身上，他於是復活。（那父親）
抓住他（接著）再次將他宰殺。
經文為證！事實有憑有據：
神從天上呼叫亞伯拉罕，甚至有那第二次。

值得注意的是，詩人宣稱其筆下亞伯拉罕企圖兩次將兒子獻祭，是有聖經根據的。確實，創世記故事裡，天使呼叫亞伯拉罕兩次，一次是停止獻祭，一次是承諾亞伯拉罕將成為大國之父。以法蓮給這兩次呼叫全然不同的解釋。第一次呼喊，亞伯拉罕顯然沒有聽到或置若罔聞。拉洛姆．斯皮格（Spiegel）深受此詩感動，對那句「事實有憑有據」扼要評論：「若非見於聖經，起碼可見於中世紀時的猶太人。」（第一三八頁）中世紀猶太人遭受迫害的慘痛經歷，必得在他們的聖典中找到回應。

相反地，基督教對綑綁以撒的詮釋，是藉由基督教對耶穌被釘十字架的核心場景折射出來。當耶穌受難前一晚在客西馬尼園向神禱告時，我們能遙遙聽見以撒對父親的疑問，以及傳說中他甘願接受父親的安排。當然，劇情不同：這裡沒有一個代表神的旨意的人類父親；沒有來自天父的悲憫；沒有純粹對犧牲者父親的試煉。而是犧牲者自己必須設法坦然接受天父的堅定意志（這個主題確實出現在綑綁以撒的某些版本）。

在馬可的敘述中，耶穌禱告說：「阿爸！父啊！在你凡事都能；求你將這杯撤去。然而，不要從我的意思，只要從你的意思。」（馬可福音 14:36）。那句在傳統上將一切歸於全能上帝的「在你凡事都能」，似乎把馬太與路加難住了。面臨神弒親子的慘絕人寰，馬太似乎質疑這行動背後是否藏有更高的必須性：「我父啊，倘若可行，求你叫這杯離開我。」（馬太福音 26:39）。路加似乎更在意神旨的一貫或恆常性：神的兒子該如何禱告，方能改變神的心意？耶穌祈禱：「父啊！你若願意。」（路加福音 22:42）。約翰省略了耶穌在園裡禱告的整個段落，以一個類似於最後的晚餐前的痛苦場景取代（12:27）。他讓此處較為公開，在場除了猶太人還有希臘人。耶穌接受使命將榮耀神的名，正如先前亞伯拉罕的順服所做到的。

如此強調天父旨意的殘酷，只有在一點顯現合理：傳福音者生動地描繪出促成耶穌之死的人類行為。馬可描繪耶穌被捕是由耶穌自己的話語帶出：「夠了，時候到了。人子被賣在罪人手裡了。起來！我們走吧。看哪，那賣我的人近了。」（馬可福音 14:41-2）。此處，「賣」（deliver）這希臘字意義含混，可表示「交出」也可意味「出賣」。是指猶大把他出賣給大祭司嗎？還是意味此刻令耶穌困惑不已、主導整個事件並把他交到滅他者手裡的神聖之力？（同樣這個希臘字出現在以賽亞書 53:6：「耶和華使我們眾人的罪孽都歸（在）他身上」。）或許兩種意義都能理解，但接下來的描述——重複使用動詞「拿住」，提及暴徒的「刀棒」——強調出這夥人的暴行。耶穌落入大祭司與文士要殺他的計畫中，後者經一番虛有其表的審問，「綑綁了他」，解去「交給」彼拉多。

我們不禁於此處看到創世記敘述的主題倒置。創世記裡，亞伯拉罕抓住以撒，綑綁他，順服神的命令將他獻祭給神。這裡是罪人拿住耶穌，將他綑綁，交給外邦暴君處決。而在兩種情況下，正如客西馬尼場景清楚顯示出的，這些事件是因神的旨意而生。亞伯拉罕的最後試煉，使他能依神的應許成為多國之父（創17:4）；他將成為道德一神論（ethical monotheism）的典型，徹底順服神旨意的典型。換言之，耶穌被獨獨挑出，在與人類邪惡的衝突中，代行神的旨意。耶穌的犧牲，不僅是順服的試煉（儘管也是），更是聖靈與世間毀滅及死亡勢力的接觸點，這是從世間的暴力死亡到新生命時代的過渡點，耶穌的復活預示了這個新時代。

之後基督教對耶穌受難故事的再述，重複了這種間接暗示和變化的模式。在約翰描述的耶穌受難裡，耶穌（不是其他福音書裡的古利奈人西門）「背著自己的十字架出來，到了一個地方，名叫髑髏地」（約19:17）。耶穌背著自己的死亡道具，就像以撒。有意思的是，拉比複述以撒故事也正是如此，說以撒背著木頭，如那背著自己十字架的人。基督教的解釋，將這主題連結到基督徒自身經歷的苦難。基督徒甘願受苦，被視為承襲亞伯拉罕的信念：「懷抱與亞伯拉罕同樣的信念，扛起十字架如以撒扛著木頭，我們也正直地追隨祂。」〔愛任紐（Irenaeus），《駁異端》（*Against Heresies*），IV.5.4〕。後來敬虔（piety）將這主題表現在天主教堂牆上常見的苦路（Stations of the Cross），描繪耶穌在十字架重壓下三度倒地。畫家曼帖那（Mantegna）以亞伯拉罕和以撒為主題的畫作，更將重點放在犧牲本身，對照被綑綁、即將被獻祭的以撒與羔羊，羔羊雖自由在灌木叢中，卻甘願爬上祭壇，準備被宰。擔心我們沒意識到耶穌是獻祭羔羊，祭壇是在一棵結果的樹蔭之下，明確代表將隨眼前獻祭贖清的罪孽。

然而，基督教在詮釋以撒故事時，不盡然都會連上基督之死。林布蘭（Rembrandt）在他的蝕刻畫（見圖二）中，讓天使不僅呼叫亞伯拉罕，且積極地圈住他的臂膀，限制他的行動。這則故事已成為神聖護佑的意象，以守護天使的溫柔呵護為象徵——這與中世紀透過自身受迫害與滅族經歷來閱讀的拉比，相去甚遠。

圖二　林布蘭的亞伯拉罕與以撒的蝕刻畫，一六五五年。天使的手臂環繞著亞伯拉罕和以撒，天使翅膀充滿了整個畫面。以撒不受約束，心甘情願獻身；亞伯拉罕似乎很困惑，幾乎絕望。（圖片來源：© 2021. Cleveland Museum of Art/Scala Image Bank.）

相反地，丹麥哲學家齊克果再次頌揚亞伯拉罕的忠實信念。他稱亞伯拉罕甘心將兒子獻祭是「懸置倫理以達到目的論意旨」（teleological suspension of the ethical）。宗教信仰下，人們擁抱凌駕一切的目標，將正常的倫理規範束之高閣。穿越道德世界，進入只聽憑神聖命令與承諾的國度的人，才是真正的「信仰騎士」（knight of faith）。亞伯拉罕了不起的地方在於他對神的永恆信仰，無論是在什麼情況：那不只是一種對來世、對事物最終解答的信仰，更是對此時此刻的信念，相信神的應許必將成真，即便妻子撒拉顯然無法再受孕，也不違拗神要他犧牲兒子的命令。齊克果的著作屬於一場深刻且個人代價高昂的抗爭——對抗基督教的資產階級正常化。他指出「正常」道德標準的中止仍是危險且令人不安的，並帶出原始故事中一些怪異而挑釁的本質，見證一種驚人的信仰。齊克果說，若非亞伯拉罕擁有信念，他可能會英雄般地代以撒犧牲自己。「他將被世人景仰，他的名將流傳萬世；但受人景仰是一回事，成為拯救受苦者的明燈又是一回事。」

聖經文本的豐富來世

聖經文本的流傳史，在在證明了這些古代著作的無限生機。它們曾被不同的信仰群體在差異甚大的情境下閱讀，因而產生出大開大闔的各種詮釋。要對這些多樣性的成果做出解釋並不容易。

「閱讀的時代背景」必然是部分原因。綑綁以撒的意義對於被十字軍掠奪者而言，自然有別於天主教奧地利山區面對嚴苛生活條件的村民。對猶太人和基督徒來說，以撒故事的文學背景也大大不同。對於把重心放在新約裡耶穌被釘十字架的基督徒而言，他們自然會把綑綁以撒的主題納入耶穌受難。正如曼帖那繪畫所表現的，以撒成為「即將來的那人」（《巴拿巴書信》（*Epistle of Barnabas*）7:3），而當中各種主題被用來描述耶穌受難的起伏，有時候透過對比手法。對猶太人來說，從亞伯拉罕後裔的歷史角度審視這個故事，則更有意義。

但背景的多樣性並不足以說明一切；文本本身自有其豐富和模糊地帶，自然會衍生出各種詮釋。亞伯拉罕的展臂或是把木頭放在兒子身上，這類意象在在震動後世作家與詮釋者的心弦。聖經豐富的意象和比喻，透過描述、詩歌以及議論，自會引發讀者透過自身經驗去解讀。正是這種能夠喚起內心共鳴的本質，讓截然不同的社群也都能認同這些故事與文本。

第六章

加拉太書的歷史

保羅寫給加拉太人的書信，是聖經較短的篇章之一，對讀者及其社群產生的影響卻是深遠無比。四世紀之始，當羅馬皇帝接受基督教，該書協助了新世界的形成。宗教改革時期，這是路德的核心文本之一，其關於人類平等與革新的激進言詞振聾發聵。此章將嘗試解讀這本小書在兩千年的世界史中留下什麼印記。

加拉太書最初並非作為聖典，而是一場對聖典意義和應用的激辯。希伯來聖經的律法文本是否意味著：不僅信奉基督的猶太信徒——如彼得與保羅，應奉行猶太飲食規定，連外邦信徒也應如此，甚至也當接受割禮？如第二章所示，保羅與彼得就此發生爭論。此時保羅必須闡釋，聖經如何包含猶太人與外邦信徒都可享受的解放經歷，無論他們是否遵行律法。這麼做的同時，他也必須闡明自己剛獲得的重要信念，能為基督徒——猶太人或外邦人——「在聖靈中」的新生活奠定基礎。不出幾世紀，這段書信成為基督徒遵奉的權威，包含一些非常明確的守則，與一些同樣引人深思、有關屬靈生活的說明。

我們先看保羅如何處理遵行律法的核心議題，接著再試著理解，後世的詮釋者在全然不同的情境下，如何藉由保羅的觀念與意象，形塑當時的教會生活。

加拉太書中保羅的論點

此書信可分三個部分。前兩章釐清議題：基督信徒是否必須遵行律法？這為保羅以權威姿態發表論述做好鋪陳。

第三、四章接著提出他對聖經的解讀有別於對手，但保羅先提醒加拉太人，他們過著屬靈的新生活。這並非因為他們格外遵守律法，而是他們相信「保羅所傳的福音」（加 3:1-5）。保羅繼續強調，聖經的核心不在律法，而在神對亞伯拉罕的應許。神祝福獎賞亞伯拉罕，不是因為他遵行了四百三十年後頒布的律法，而是因為他信神。亞伯拉罕深信神的應許，儘管自己年事已高妻子也老，他仍將成為一個偉大國家之父。加拉太人也將因其信仰得此應許，作為亞伯拉罕後裔而得此祝福（加 3:1-9）。

此時，辯論來到高點。保羅必須闡明神何以頒布律法；何以那僅屬暫時且確實嚴酷；神給亞伯拉罕的應許又何以遲來。他的關鍵對策說，神的應許是向亞伯拉罕和「他子孫」說的（創 13:15; 17:8; 24:7）。保羅力求精確解讀經文用字，他指出，後裔是用單數，因此不是指亞伯拉罕的眾子孫，而是指「一個人，就是基督」（加 3:16）。這番認定神應許的對象是基督的論述，改變了閱讀聖經的整個視角。它們不再從嚴守律法的猶太人眼中看，是從所有信靠基督而發現生命的人眼中看，包括猶太人與外邦人。

現在律法是處理世上罪惡的暫時手段，等候基督來到（加 3:19）。它使猶太人「被看守……直圈到那將來的真道顯明出來……是我們訓蒙的師傅，引我們到基督那裡，使我們因信稱義。」（加 3:23-4）

換言之，律法的作用在限制、保護、嚴格指引。凡以行律法為本的，都是被咒詛的（加 3:10）。當基督來到，應許實現，凡相信的——並受洗歸入基督——「因信基督耶穌都是神的兒子」。猶太人、希臘人，自主的、為奴的，或男或女，這些舊有的區別在新世界裡都被拿掉了（加 3:24-9）。

在最後部分（五至六章），保羅探討在基督裡的新生活本質。脫離了律法，沒有法條可遵從，要如何生活？與基督合一，由律法解脫，他們將由聖靈引導，生命裡結出聖靈的果子。當他們互相擔當彼此的重擔，就完全了「基督的律法」（加 6:2）。

所有這一切，都標誌出保羅與其先前所信的猶太教法利賽派的徹底決裂。這將成為猶太教主流，並於之後盛行幾個世紀的拉比猶太教（rabbinic Judaism）大放異彩。保羅在此斷言，這種形式的遵行律法，與那信仰基督的人再無關係（加 6:15）。而持相反言論的基督徒，是可憎、被咒詛的（加 1:9）。

接受加拉太書：律法

這簡短的保羅書信如何影響教會發展？此書核心關乎猶太聖經律法的本質和權威，及其後續對基督教會的影響。它又如何形塑基督徒的舉止呢？

我們先從一位影響深遠，卻被新興的大教會視為眼中釘的人物談起。馬吉安（Marcion，西元八五年生於黑海沿岸的錫諾普）認為，舊約律法太過嚴峻，勢必出自耶穌與保羅以外之人。馬吉安主張，當保羅和彼得在安提阿起爭論（加2:11-16），他們談的是兩種不同的義——不管他們自己是否曉得這源於兩種不同的神。彼得認為兩者出於一處，故應當遵從。相反地，保羅覺得舊約律法如咒詛，將它與基督律法嚴加區別。舊的義截然不同於一位新的、陌生不同的、充滿同情心的神的義，而這位神自耶穌基督顯現。因此，當保羅談這兩種義（加2:16），是立論於不同的兩種神：一位好心悲憫，因而公義；一位創造世界，而因缺少悲憫情懷，其公義不免流於苛刻殘酷，也因其偏愛所選子民，故失之不義。

這樣解讀加拉太書的明顯問題是，在第三章中，保羅說（他的）神設律法是為了看守子民，直到基督到來。對此，馬吉安的答覆是：這段話是後人給此書信（以及其他基督教著述）所添加，好讓它與伯多祿教會的觀點一致。後來他自行編纂一套基督教聖典，包含路加福音修正版與十篇保羅書信。

羅馬教會主要階層從未接納馬吉安的看法，但這看法確實對所有的主流詮釋者提出一項挑戰，抓住了保羅觀點的激進處。當保羅稱律法為咒詛，他是什麼意思？同一位神，會這樣咒詛子民，卻又展現十字架上所見證的愛？在整個基督教歷史，馬吉安觀點將持續挑戰每位詮釋者。

那麼，最初五世紀那奠定基督教義、相信律法與新約源自同一位神的神學家，如何看待律法與神用以對其子民的地位？宗教改革以前，基督教主流觀點是：當基督到來，律法的角色十分有限。奧古斯丁於四世紀末在北非以拉丁文寫道：「因此，律法為驕傲的民族制定，好讓他們因罪孽感到謙卑……讓他們尋求恩典，不以為能因自身優點（即其驕傲）得救，讓他們不因自身能耐力量、而是藉一捍衛不虔誠者的中保之手而成為義。」〔《加拉太書穿世紀》（*Galatians Through the Centuries*），第一六七頁〕。這成為神引領其子民——猶太人，相信基督的原因之一。

同時期，於地中海另一端以希臘文寫作的金口若望（John Chrysostom），賦予律法在受洗聖靈到來前一個教育性的角色，但其階段性的主要作用在於限制：「使我們因恐懼而節制慾望，毋須憑藉聖靈。」當聖靈到來，「不僅規定我們戒除（此種慾望），且加以平息，領我們至更高的人生守則」，同時取代律法的教育性及規範性作用。「憑內在驅策達高成就者，無需仰賴師長；已是哲學家者，也無需文法家。已把自己交給聖靈的你們，現在又何至於自貶去聽從律法呢？」〔《尼西亞與後尼西亞教父文獻集》（NPNF），13:42）加拉太人怎麼會想回頭去遵行律法呢？

這兩位影響力絕倫的人物——代表基督教西方的奧古斯丁，東方的金口若望，他們的論著時代是四世紀末，是舊有的異教世界讓渡給拜占庭與羅馬基督教的關鍵時刻。文化正產生深刻長遠的質變，究竟如何全屬未知。猶太教以其古代習俗與卷軸，深深吸引著不少人，無論奧古斯丁或金口若望，也都沒打算推崇律法。金口若望在這方面的冷淡無可置疑：律法雖有一點道德指引功能，卻被聖靈掩蓋，尤其風行於四到五世紀的那種苦行派修道主義。而對奧古斯丁，律法有其持續效用：就像當初其目的在驅使猶太人接受基督，如今藉其揭露世人罪惡，它也將能驅使世人接受基督。但兩人一致同意：保羅已明確作出律法不再能左右基督徒行為的裁決。

這些思想在東正教與基督教西方世界有著淵遠歷史。一如金口若望，中世紀的西方神學家阿奎那同意舊約有其教育意義，在道德層面與哲學（亞里斯多德）和新約並列，卻絕非唯一或最重要的。對他而言，律法是抑制犯罪，引人領受恩典、馴服情慾。路德亦然，身為奧古斯丁派修士，他深受奧古斯丁影響：律法是擊碎驕傲之鎚，也是民法依據。

這種共識建立起所謂的「律法之用」。它有民事功用，指導王侯治理社會；它有神學功用，驅使人們歸向基督。但路德開啟了全新篇章，主要是透過約翰・加爾文（John Calvin）的書寫。加爾文的寫作時間正值宗教改革植根於歐洲各大城市。加爾文住在日內瓦，與羅馬已然決裂。聖經凌駕傳統與教會之上已成局面，年輕的宗教改革教會力求打造新文化與社會。不難想見，基於他們賦予聖經愈來愈大的權威，舊約成為他們的指導方針。在這方面，絕對可以借重金口若望與阿奎那。不同以往的是，他們給舊約律令的權威程度。且看馬太福音 5:17：「莫想我來要廢掉律法和先知。我來不是要廢掉，乃是要成全。」加爾文主張，這是律法第三個、也是最主要的功用。

他告訴信徒：「經由教誨、告誡、訓斥、糾正，它（律法）貼合我們所需，讓我們能做一切善事。」〔《基督教要義》（*Inst.*）II, 7, 14〕。換言之，律法給信徒信心與指引。「律法如抽打肉體的鞭子，好比人揮鞭激勵懶散的驢。」它更是信徒的最佳工具，使「這些心中已充滿對神靈敬畏的人……以更深的真理與確信，領悟他們渴望遵循的神旨之究竟，並從中加以證實。」（《基督教要義》II, 7, 12）

沒有比這個與金口若望的觀點差更遠的了。就金口若望來看，把聖靈擺在律法之下，無異是一種褻瀆。對加爾文而言，面對激進的宗教改革者——他們在聖靈裡將挑戰新的教會威權——訴諸聖經文字而非心中律法，想必是更堅實的道路。宗教改革神學與實踐的新時代方才破曉，為一個全新的政治秩序奠定法律基礎，成為舊約律令的核心要務。

聖靈裡的新生命：靈性新狀態

我們在保羅書信的最後部分看到，他轉向聖靈在信徒生活中扮演的角色。這兩章充滿有力深刻的經句，啟發各式靈性。它讓某些人探究宇宙，讓某些人深思內裡，從而深深影響西方文化。實踐各種禁慾及修道主義者由此取經。同樣地，它也鼓舞了所有在日常中實踐信仰的人。

加 5:16-18 寫道：

> 我說，你們當順著聖靈而行，就不放縱肉體的情慾了。因為情慾和聖靈相爭，聖靈和情慾相爭，這兩個是彼此相敵，使你們不能做所願意做的。但你們若被聖靈引導，就不在律法以下。

要解釋這段經文的困難之一，是那些賦予肉體與聖靈的許多解釋，也在於保羅對它們的闡釋。這兩者是如何「相爭」？這相爭結果又如何？是阻止了人們做他們想做的好事？壞事？或實際上是任何事？

二元論者，像是盛行於西元初期的諾斯底教（Gnostics）與摩尼教（Manichaeans），用肉體與聖靈指涉世上一切想控制人們的對立原則。肉體代表邪惡，全然站在良善神的對立面。深植於人們內心深處的肉體面，必須被根除、揭露、滅絕。三世紀時，諾斯底教文本《腓力福音》（*The Gospel of Philip*）要人「挖掘邪惡根源」。一旦察覺，就能拔除。非信徒的欠缺察覺，將任其茁壯，成為「萬惡之母……不識為奴；識者自由」（《腓力福音》104）。有此理解認識的信徒，擁有不被邪惡宰制的自由。

而對摩尼教徒來說，肉體與聖靈的對立只會在信徒的生活中顯露出來。在那之前，就像多數主流基督教認為的，是靈魂在犯罪，是人們內心深處的異己原則（alien principle）強迫他們犯罪。唯有理解這點，才能展開與邪惡之戰，透過悔悟與苦行：不吃肉、不生育、不結婚。這種對人類困境的悲觀視角，為信仰生活投下長長陰影。

不過，金口若望卻堅決反對這種二元推測：神是唯一，邪惡是人類不遵從的結果。保羅談到肉體與聖靈的對立，他是在講兩種相反的不同選項，好跟壞，靈魂得從中擇一。對立是合乎邏輯的，選項明顯擺在那裡，信徒自能避免誘人的罪惡，選擇行善（《尼西亞與後尼西亞教父文獻集》13:41）。基督徒應克服行惡的傾向，適當的自律，如荒漠僧侶生活所示，將帶來良善一生。

奧古斯丁跟他曾經追隨、後來與之對立的摩尼教一樣，認為基督徒在罪的掌控之下。但這並非因為他們受制於某種外來原則，而是因為「懲罰習慣」（penal habit），「縱情於因反覆犯罪……之懲罰引起的歡快」。罪的根源在於人的選擇，即亞當夏娃的原罪。但享有恩典的人，出於屬靈的愛，確實是用心遵行神的律法。基督徒總是處於克服犯罪傾向的戰鬥中：「惟當軀體變成不朽，肉慾才會消失。」（《加拉太書穿世紀》，第二一一至二一三頁）。

這些有關保羅的詮釋，為人類處境的各形各色且影響深遠的解讀奠定了基礎。包括相對樂觀的金口若望，這些論者因應各自的背景，努力解決其面臨的道德困境與內在衝突。它們是「西方內省良心」的根本，在其最壞的情況下，是經歷劇烈的精神折磨，同時卻也支撐起西方許多思潮與文學。這應該咎責保羅還是其後（奧古斯丁、路德），學者們爭論不休。無庸置疑，接受如加拉太書 5:16-18 這種文本，對啟發這股深刻反省有著關鍵作用。

面對這些道德困境和內在衝突，保羅可有提出解方？我們若看看後來的一些論者，他們拚命應對從保羅那裡讀到的人性黑暗面，便可勾勒答案。

鑽研保羅甚深的阿奎那，對論者們強調的道德緊張十分注意。肉體和聖靈不同，但並非無可彌補地對立，其間是有高低順序的。軀體必須滿足生理需求，心靈須順從對更高的善的渴望。不遵從這種層次問題就來了：「肉體的喜樂關乎我們之下，聖靈的喜樂關乎我們之上……當靈魂聚焦肉體下層，就無以關切聖靈上層。」（《加拉太書穿世紀》，第一六八至一六九頁）。就像金口若望說的，讓靈魂專注上層之事，需要自律、禁食、祈禱。在聖靈加持下，人們這些嚴肅的努力將養成靈魂的美德，得以對抗奧古斯丁如此擔心的惡習。

路德是奧古斯丁會的修士。奧古斯丁強調罪的「懲罰習慣」，加上中世紀對最後審判、被定罪者命運的描繪，累積成路德無法承受的焦慮。最終他從自己對「神的義」一詞的理解獲得解脫。保羅說神的義，並非指人靠一己之力、神據以評判而給的義；保羅指的是：神作為禮物送給信徒的義。這個禮物是不再有恐懼的新生命，建立在對神的愛與憐憫的信賴，因此所有人都能夠「順著聖靈而行」，不再只是僧侶的權利。他們或許永遠無法做到律法規定，但他們能「竭盡所能靠聖靈行事」，從而實踐基督的要求，愛人如己。

這與阿奎那所言驚人地相似。硬要說的話，其強調人應「竭盡所能靠聖靈行事」的程度更勝一籌。但這不再只針對「隱士與僧侶」對抗肉慾之戰，而是泛指世上人類活動的整個場域。

貴族善盡職責，英明治理，便不順服肉慾……此時肉體與惡魔對抗，後者想誘使他發動不義之戰、順從內心貪婪等；除非他遵守聖靈引領，聽從神對其職務神聖良善的告誡，他將屈服肉慾等。所以，讓每個蒙召的人靠聖靈行事，他就不會屈從自己肉慾或肉體任何要求。〔《路德文集》（*LW*）27:69-70〕

在基督裡的新生命，屬於每個「蒙召」的人。基督徒的理想生活不再是離群索居，而是在世上每位忠誠的貴族、商賈、僕役、妻子、丈夫、小孩的生活裡。這是要把信仰放入日常核心的激進嘗試。個人與神的關係的轉化，使他／她能視商業、政治、社會與家庭的場域為行使基督徒愛心的合適場域。

並非所有的路德追隨者都呼應他「各人要追尋自己社會職務」的召喚。許多人仍然嚮往著當初這位年輕奧古斯丁修士的內省、焦慮世界，未能從折磨他的恐慌裡解脫。瑞典導演英格瑪．伯格曼（Ingmar Bergman）的諸多影片，丹麥導演蓋布里爾．埃克索（Gabriel Axel）的《芭比的盛宴》（*Babette's Feast*）

——根據伊莎・丹尼森（Isak Dinesen）的小說改編，生動刻畫出這類路德教派（Lutheranism）的樣貌。與此相對的是，路德的著述對中世紀晚期的世界帶來巨大解放，為當時各大城市的生活注入澎湃能量，世俗職業做為新興的事業，則被認可為完全的基督教生活。靈性被重新定義，在信仰的世界裡，平信徒（lay people，譯注：非神職人員等一般信徒）的生活受到完全肯定。

路德於一五七五年以英文出版的加拉太書評論，無疑帶來了這樣的釋放。清教徒偉大作家約翰・班揚（John Bunyan），他在著作《天路歷程》（*The Pilgrim's Progress*，一六七八年）中如此寫道：「我所讀過的書籍中，除了聖經，我最愛馬丁・路德這本論加拉太書，它最能撫慰受傷的良心。」一七三八年的聖靈降臨節（Whitsunday），查理・衛斯理（Charles Wesley）因讀到路德的加拉太書講義序言而信奉：「從那時起，我虔心指導許多朋友認識這個基礎真理，僅由信仰帶來的拯救，不是枯槁死寂的信仰，而是透過愛而生的信仰，必然產生一切善行與聖潔。」對班揚和衛斯理，與他們的許多讀者來說，這確乎是一個創新的世界。

加拉太書曾如何形塑各種社會，數之不盡。我們將在第九章探究基督徒如何應對他們最深的信念與國家律法之間的衝突，也看加拉太書 3:28 如何影響「認同政治」的近期發展。我們不應該感到驚訝，這樣一個有力且具暗示性的文本，它是在為一個新興的宗教運動的核心進行激烈鬥爭時所寫成，從而引發廣泛的各式解讀。對許多人而言，它的魅力在能激起革新轉型。金口若望、奧古斯丁與路德等人，為後世開創出影響深遠的嶄新世界。這個文本的部分力量，在於它與舊世界的徹底決裂，而新世界正從這裡出現。信基督者必須背離律法，否則會被過去羈絆，無法擁抱他們已然體會到的聖靈中的全新經驗。這個文本在此有全面性的規範影響。

負面統治促使信徒享受自由、探索剛萌生的嶄新世界，使保羅的意象與修辭充分發揮，讓他淋漓盡致地塑造新概念，喚醒人們對於新生命、對於自由、對於「仁愛、喜樂、和平、忍耐、恩慈、良善、信實、溫柔、節制」（加拉太書

5:22-3）等單純美德的期待與渴望。這一切的形塑力，在任何文學紀錄都難以見到。發展成形的生活與社會，不盡然如推動者的期待，但充滿無與倫比的創意與活力。對許多人來說，保羅書信永遠能帶來新意與盼望。

第七章

聖經與各方的評論

當代之始，聖經開始脫離教會的嚴密控制，影響力逐步擴大，其效應滲透至社會各階層，教會——此時的數量已非常多——內外皆有感受。於是聖經也受到嚴格的審視與批判。

本質上，批評是指運用判斷力。事實上，聖經的詮釋者都用自己的判斷來分辨文本的可能含義與意義。他們也可能想特別強調某些段落，想從一些似乎不顯得特別、或表面與期待相反的段落裡找出深刻的詮釋。這種智力的、辨別的閱讀，長期以來一直是經文詮釋的特性，也是目前文本批判、來源批判、各式文學批判等史學的基礎，（幾乎）所有聖經學者都引以為用。然而，「聖經批判」一詞能有更具對抗性的含義，挑戰教會對聖經的權威解讀。我要談的許多發展都屬於此一範疇。在現今成為標準的批判手法，其實多源自對主流的教會詮釋的挑戰攻擊。

這種發展須從歷史背景看起。中世紀結束前，基督教的聖經解釋多少與教會官方的意識形態相關。聖經故事談世界創始、長老淵源、揀選以色列人和律法的頒布、以色列在應許地的後續發展，以及耶穌與早期基督教傳教耕耘與紛爭等事蹟。這一切一直是用一種方式來描繪「世界自創建至最後審判」的完整以及全面的歷史。教會教導說，聖經述說神對亞當罪孽的回應：透過揀選以色列與頒布律法，送出祂的兒子，由其受難並復活來救贖人類，以至教會成立。在這樣的聖經之下，舊約的核心要素受到淡化，包括賜予應許地、聖殿、律法及以色列在拯救萬國的地位。同樣地，相對次要的主題被凸顯出來，特別是人類墮落與全面腐敗的概念。舊約被視為新約的首部曲，主要人物及其生活都在預示耶穌終將實現的一切（正如我們看到神父們對以撒與基督所做的比較）。

多虧這種無所不包的敘事結構，讓聖經成為一切知識的根源與尺度：宇宙學、史學、法學、神學。在編織這樣一個故事的過程中，神學家確實有獲得來自其他學科的協助。在最初的幾個世紀，教會神父曾任意借鑑柏拉圖派哲學家，中世紀學者則不無爭議地借鑑亞里斯多德。但聖經仍是真理的最終裁決，至少官方如此。表面上看，聖經與中世紀基督徒身處的世界相當契合，而文藝復興和宗教改革卻對歐洲西部的官方共識發起雙重攻擊。

教會受敵：內部挑戰

上述的基督教故事並非基督教唯一版本，教會內還存在其它觀點，到前個千禧年尾，分裂成東方與西方。中世紀末對基督教故事的批判層面廣泛，許多聲音來自內部，並且是針對這些故事的聖經基礎而來。路德的宗教改革源自一位研究聖經的教授之手。他發揮自己閱讀古代經文的卓越本領，不僅讓聖經以白話廣泛流傳，還在格外敏感的時刻挑戰了公認的聖經世界觀。

某方面而言，這只是整體特定層面的小小改變，尤其關乎教會在個人靈魂救贖上的角色。中世紀末的教義聲稱，神是公平裁判，所以儘管人受基督救贖，仍須因自己在世上的罪孽付出代價，但若他們善用教會各種贖罪服務，即便死後也可避免或減輕應受的懲罰。馬加比二書12:43-5為亡者祈禱提供了經文。這類教義的風行，賦予教階制（ecclesiastical hierarchy）莫大的權威。

路德（見圖三）質疑這種對神的公義與寬恕的見解，他從聖經尋找源頭，尤其是保羅書信。對他而

圖三　馬丁·路德肖像，這位聖經研究教授對保羅的詮釋是新教改革的催化劑。（圖片來源：© 2021. Photo Fine Art Images/Heritage Images/Scala, Florence.）

言，關鍵見於羅馬書：「因為神的義正在這福音上顯明出來；這義是本於信，以致於信。如經上所記：『義人必因信得生。』。」〔羅馬書1:17，引用哈巴谷書（Habakkuk）2:4〕但是，路德問，當保羅說到福音所揭示的神的公義時，他究竟是什麼意思？他是如經院學者所稱，指的是神伸張正義的公義本性，據此譴責罪人獎賞義人？或是指神賜給不義之人的公義之禮？希臘語在表達上都能支持這兩種意思。而能斷言的是羅馬書中那段保羅引用哈巴谷的話。路德稱，它是指神給相信者的公義之禮，他們將因信得生。

這在宗教改革、甚至歐洲史來說，是一個關鍵的時刻。此刻對路德而言，聖經談及人從神的律法與懲罰解脫出來，它談及神將恩典與寬恕賜給所有聽福音的人，而非只是那些遵從懺悔教規的人。如此，宗教改革尋求將人從中世紀教會的束縛解放出來，人們可以自由追隨自己在「世俗王國」的使命。

因此，這種不同以往且具挑釁地詮釋保羅書信，為中世紀歐洲的權力架構、整體精神及態度的重大轉折奠定了基礎。我們這裡所關心的則是其如何達成。路德透過訴諸聖經的「語法意義」，反駁主導地位的經院派解釋。也就是說，他採用人文主義文獻學與文本研究的標準方法，解決保羅書信模稜兩可之處，以嚴謹批判的探討，推翻支配性的官方詮釋。

教會內部採取了路德對高層詮釋聖經的批判。路德在新教的卓越地位，代表這種批判講理將成為新教神學一個基本特性（若不經常行使）。批判方法的範圍將隨著時間擴大：史學、社會學、文學批評陸續跟進。當然，這種批判論理也將激起對聖經的更多種詮釋，造成更大的分裂風險。無論那個不時箝制新教的正統勢力有多大，這股批判精神始終不滅，準備要將那股勢力鬆動顛覆。

教會受敵：外部挑戰

對聖經既有詮釋的挑戰並非都來自教會內部。人類知識與發現的爆炸，標誌著中世紀的結束，並在在挑戰著此前所謂無所不包、無可撼動的世界觀。首先，新大陸的發現隨著旅行者播散開來，揭露出聖經世界觀的地理局限。聖經文本呈現的世界，根本不曾想見某些大陸的存在。即便經由強力的傳教，這些地方現在可以劃入基督教世界，但這些新信奉者的祖先，在神的普世救贖計畫中究竟占有什麼地位，卻仍未得到解答。

再者，史學的日漸發達也清楚顯示出，聖經的歷史觀實在有欠全面。歷史研究打破了聖經年表，證實聖經作者們不知道其實還有更早的文明存在。而聖經的歷史輪廓也根本不包含後來的歷史。但以理書第七章談到四個王國，在宗教改革時期被廣泛當作世界史的架構，這四個王國被認定為迦勒底、波斯、亞歷山大、古羅馬。問題是：羅馬帝國後來呢？德國皇帝聲稱擁有神聖羅馬帝國皇帝頭銜，這種說法置法國國王於何處——他的永久附庸？不難想見，想穩坐大位者，都想成為基督來臨前的最後王朝（因此無法被推翻），但正如誰都無法停住歷史的腳步，誰都很難經得起時間考驗。王朝來來去去，但以理書呈現出來的幅度，就複雜性或彈性來說，實不足以包納一切。

若說聖經建構的史觀破綻不少，那麼其宇宙觀亦然。哥白尼說，地球在內的行星是圍繞太陽而轉。在奇異血腥的約書亞記第十章裡，掌握亞摩利五王聯軍的約書亞對耶和華禱告：「日頭啊，你要停在基遍；月亮啊，你要止在亞雅崙谷。」（書 10:12）。祈禱得到應許：日月停住約有一日，任約書亞的軍隊殺戮敵人。這則故事的宇宙論與哥白尼對行星運動的理解，其間的衝突矛盾顯而易見。連路德與門徒墨蘭頓（Melanchthon），都以這則故事駁斥哥白尼的觀點。當時，除了少數數學家，哥白尼的天體運行論只被視為眾多的猜想之一。墨蘭頓引用約書亞記 10:12-13 在內的數則聖經段落，斷然否定哥白尼：「尤其基於這些神聖的證言，我們堅持真理，決不讓自己被某些人的盲目研究誤導，那些人自以為混淆自由藝術是在彰顯智力。」一五四三年，神學家安德烈亞斯·奧西安德（Andreas Osiander）在紐倫堡為哥白尼出版著作，他意識到哥白尼論述的嚴重性，為了緩和當中的冒犯程度，遂強調哥白尼的看法不過是種假說，可據以推測行星位置，不是要指明陳述宇宙運作之理；這種天體計算的實用價值很大，至於天體運行的真正原因，則非我們的心智能及。

到了十九世紀，達爾文學派與創世論主義者之爭延續著同樣主題：達爾文認為人類是起源於類人猿的哺乳動物，這番見地與創世記所說大異其趣。儘管創世記第一、二章存在內部矛盾，許多基督徒仍堅持應該要把創世記裡「神直接創造人類」視為權威。其他人則開始將創世記故事看作創世神話，與古代近東世界流傳的這類神話不無關聯。在這些神話與科學性的世界觀之間，當然產生了重要的疑問。

啟蒙運動與歷史批評的興起

宗教改革時期教會的內部分裂，終於引發一六一八年至一六四八年間蹂躪歐洲的宗教戰爭，從而導致對各種宗教的強烈反彈與掙脫，大體稱之為啟蒙運動。這段期間，實證科學、理性主義及經驗主義哲學崛起，試圖把人類知識與人類事務擺在人類理性的獨立奮鬥之上。這些哲學成為那些在歐洲極權國家中尋求政治解放者的有力工具，這些威權則仰賴與各個教會的聯盟關係。法國哲學家、本身是虔誠天主教徒的笛卡爾說，人類知識不應來自承繼而來的信仰與權威，應基於「清晰明確的思想」，而唯一的道路就是：嚴格審查我們的一切信念。

英國出現一個相當不同的批評團體，人稱自然神論者（Deists）。他們試圖讓宗教脫離人類事務的管理。他們稱，神在遠古創造了世界然後任其發展，就像鐘錶匠一般，調好弦便任其依自己的規律運行。他們攻擊聖經，一方面是裡面有神干預宇宙物理（「自然」）定律的故事；一方面是聖經試圖強加一種所謂神訂的律法於世，而那律法卻有違自然道德。於是他們嘲諷聖經裡的神蹟，抨擊主要人物的道德。至於正統基督徒認定：聖經權威是天啟的至高載體，絕不可能出錯，他們也對此發動攻擊。他們點出聖經內容本身的前後矛盾與不一。以耶穌復活為主軸，產生一類活潑的文學，當中更生動的想像包括有：受審的使徒們遭反覆盤問，以決定是否撤銷告訴。最佳案例為作家托馬斯．舍洛克（Thomas Sherlock）在一七二九年的著作《審判證人》（*Trial of the Witnesses*）。

十八世紀時，這類文學在英國可謂蓬勃發展，也傳至法國和德國，但這裡的嚴格審查使其發展受限，從而引發所謂的「殘篇論戰」（battle of the Fragments），這是聖經批判史上比較戲劇化的事件之一。站在理性主義方的主角包括漢堡學者兼校長的赫曼．塞謬爾．雷馬魯斯（Hermann Samuel Reimarus）與戈索德．埃弗萊姆．萊辛（Gotthold Ephraim Lessing），他是劇作家、文學評論、哲學兼神學家。兩人相遇時，萊辛負責漢堡的劇院，之後他來到位於沃爾芬比特爾（Wolfenbüttel）的布倫瑞克公爵（Duke of Brunswick）圖書館，以職務之便匿名出版了雷馬魯斯的作品「殘篇」。這些文章分期連載，開頭資料與自然神論的著作密切相關，而後於一七七八年刊出題為「耶穌及其門徒之目的」（Of the Purpose of Jesus and his disciples）的段落。

前兩段將耶穌描繪成一個淨化的自然宗教傳教士。雷馬魯斯說，耶穌教導不朽的教義，就如同法利賽人。與後者不同的是，耶穌講的義，去除了外在的儀式和虛偽。但雷馬魯斯出其不意地提出一個完全不同的問題：「毫無疑問，耶穌的教誨為人點出宗教真正偉大的目的，也就是永恆的祝福；那麼剩下只有一個問題：透過其教誨和行動，耶穌給自己設定了什麼目的？」

這個問題——耶穌給自己設了什麼目的——肯定不尋常。如後續文章所揭曉，雷馬魯斯要問的是，耶穌有多關心當時的迫切問題：猶太人脫離羅馬統治的渴望、政治力以及其掌控與分配。這是劃時代的想法。以前對耶穌的觀點，總是把他描繪成一位天人，降臨來顯示天國奧祕，建立新的宗教。如此的啟示宗教非人所能分析，與當代威權政治十分契合。雷馬魯斯質疑耶穌對一世紀人們的希望、恐懼及渴望的投入程度，將耶穌放回到人類歷史與政治的範疇。這與路德把基督教「世俗化」相呼應，將實踐基督教信仰跳脫出修道院的私領域，融入百姓的尋常生活。這類問題危及了新教裡教會與政權影響力的微妙分野：教會掌管人們的超自然目標，其餘事務盡皆交由世俗的統治者。雷馬魯斯暗示：當耶穌聲稱天國將至，有沒有可能是指羅馬的統治權將被推翻？面對刊出「殘篇」中這種令人不安的政治意涵及其掀起的重大公開辯論，帝國監察官禁止萊辛再做任何發言。

雷馬魯斯提出的第一個問題，首先是屬於歷史性的，需要史學家竭盡一切方法來回答。對耶穌生平和思想的提問，雷馬魯斯很高明地列出幾項主要工作：必須先仔細審視耶穌生平的主要來源——前三部福音書，以了解它們之後遭到何等的扭曲改寫。必須細查字詞的當代意涵；耶穌要當時的人們期待「天國」來臨，但這個呼籲對他的聽眾意味著什麼？

雷馬魯斯的著作開啟了一段豐碩的研究時期。二十世紀初，史懷哲在他的經典著作《探索歷史的耶穌》（*The Quest for the Historical Jesus*）就有記錄。這個追尋的過程逐漸澄清了一件事，就是把耶穌牢牢置於一世紀宗教信仰和運動的框架有多重要。這樣一個歷史調查所需的努力非常龐大，過去如此，現在依然。只要想想從一九四八年以來，破解、翻譯、編輯《死海古卷》所費的力氣便可理解：別說是展開詮釋並把耶穌置於其中，光是準備數量龐大的相關文獻的學術版本，便已十分驚人。而各種來源和其影響的地理分布，又更添這項任務的複雜度。一方面，舊約文本源自古代近東地區的廣大世界；另一方面，基督教迅速擴及羅馬巴勒斯坦以外，來到地中海區域的希臘羅馬世界。要充分理解古時耶穌在宗教信仰與實踐發展史的位置，必得有無比淵博的知識。這樣的任務，唯有透過眾人。

但即便學者果真建立起耶穌時代宗教信仰及實踐的可靠圖像，我們又該如何用這知識進一步剖析耶穌的「目的」？耶穌是在歷史進程——舊世界將被掃除，新的「天國」即將到臨——尋求神的干預，他是這樣一位「天啟」式的人物？還是說，他是更充滿著農民智慧，幫助追隨者理解這混亂不堪的世界？有人以為，當耶穌談及上帝統治時，他指的並非某種新的社會政治秩序，而是更接近拉比這種個人接受上帝旨意的概念。還有人曾（很不成功地）想把耶穌置於一世紀的解放團體旁，這些團體想藉武力建立神的統治和以色列的獨立。這些問題的答案依舊難以捉摸。

而這些討論確實有釐清了一點：聖經文本與當中的人物，屬於一個和現在頗不相同、甚至怪異的時代與文化。眾所周知，史懷哲曾描寫在歷史探索中發現的耶穌所帶來的奇異感：

> 研究耶穌生平，有段奇特的歷史。它從追尋歷史的耶穌起步，深信一旦找到，就能直接使祂成為我們的導師與救主。鬆開幾世紀來將祂嵌進教義磐石的束縛，欣然看見生命和動作再度進入這個形象，而表面看，歷史的耶穌果真走來，與之合一。但祂沒有駐留；祂穿越我們的時代，重新返回屬於祂的。
>
> （《探索歷史的耶穌》，第三九七頁）

就史懷哲看來，這不全是損失。我們或許無法將耶穌變成我們能輕易辨識的人物，就像祂並不輕易屬於任何傳統教義，祂也躲過我們將祂現代化、為我們自己強拉祂的企圖。「我們找不到能傳達祂之於我們的名稱。」但祂指揮我們的角色不變，可要求我們、召喚我們接受新任務：

祂以陌生之姿來到我們眼前，無名無姓，如往昔在湖畔，祂臨到那不認識祂的人身邊。祂對我們說同樣的話語：「跟我來！」並讓我們投入祂要為這時代完成的任務。祂下達命令。對那聽從祂的人，無論聰慧簡單，祂都將向他們顯現，伴他們渡過折磨、衝突與苦難；而作為不可解釋的奧祕，他們都將通過自己認識祂是誰。

（《探索歷史的耶穌》，第四一零頁）

批判與創新閱讀

我們看到了來自教會內外的批判，看到他們如何嘗試將聖經從教會既有的解讀脫離出來。這種解讀企圖把文本與信徒體驗帶入一種和諧創新的關係。主要的批判來自那些自身體驗無法再被教會說的聖經故事滿足的人。歷史、地理、演化論，在在打破這種解讀的界線。但讓聖經抽離過去的詮釋，不意味著它不再能提供社會與文化的創作靈感。剛好相反，這種對聖經既有看法的犀利批判，可為創新閱讀鋪好道路。

路德跟那些致力尋覓「歷史中的耶穌」的人，各以自己的方式詮釋聖經。路德獲得極大成功，引領一股全然不同以往的新教閱讀。試圖重新架構耶穌生平與教誨的歷史批判——這無疑是藝術界最持久的心智工程之一，相對帶起對福音書的各種解讀。這段歷史探索與重建的過程，造成聖經文本及後續任何詮釋更深刻的文化制約。這有兩重效果。一方面，它挑戰了所有「想將聖經意義與特定解釋畫上等號」的意圖。另一方面，認識到「聖經文本原是古代各種傳說與各個族群間的創意對話」，這或許能激發人們在當代時空下，以更豐沛的創意和想像力去解讀聖經。

第八章

後殖民時代的聖經

今天基督教成長最快的區域是在非洲、亞洲及南美洲，這些國家曾長期遭殖民統治，如今仍往往受到經濟強權和跨國組織的主宰。這些地方出現很多新興教會與新型態的教堂，聖經扮演重要角色，它激發人們為脫離壓迫而奮鬥，為那些努力把基督教與傳統文化做連結的人提供豐富素材。隨著聖經譯為當地語言，不同型態的信仰跟實踐也在主流宣教教會中逐漸成長。

而在這個過程裡，聖經的運用方式卻絕非沒有爭議，往往在殖民者與傳教士手中，解放或尊重當地文化相距甚遠。這些差異很大的聖經閱讀，本章將試著描述一二，並找出讓它們發揚光大的社會／文化現象。

聖經在拉丁美洲

殖民拉丁美洲是歐洲史上最黑暗的事件之一。哥倫布來到這裡後的一百年間，數百萬人民死於戰亂、疾病、虐待，某些地方人口減少八成。教皇「賜予」那些殖民中南美洲的西班牙和葡萄牙人土地，鼓勵他們讓原住民信奉。哥倫布（見圖四）於一四九二年抵達現在的薩爾瓦多，他相信自己的使命是掀開時代新頁的一塊拼圖，全世界將於教皇底下在基督裡

圖四　哥倫布登陸聖多明哥（San Domingo）。（圖片來源：National Gallery of Art, Washington. Gift of Edgar William and Bernice Chrysler Garbisch.）

合一，歡慶末日審判前的最後一千年。他喜歡引述以賽亞書 65:17：「我造新天新地。」與這句在啟示錄 21:1 的回聲。新時代將籠罩整個大地，錫安山將重回基督教，全人類將承認這一真實信仰。

一項教皇敕令要求西班牙和葡萄牙君王發動聖戰，支持這項傳教大業。此時，約書亞記及士師記裡的征服迦南地，不僅讓這場征服有所依據，對拒降者的無情殺戮情也成為情有可原。正如當代評論家弗瑞・托瑞比奧（Fray Toribio）描述那遍地死亡：

> 那（死亡）是否因這土地上的深刻罪孽與偶像崇拜而起，我不知道；但我看到原來在應許地那崇拜偶像的七個世代被約書亞趕盡殺絕，之後以色列的子民在此繁衍。

所以，有人把聖經視為壓迫工具也就不足為奇。當教皇造訪祕魯，他收到原住民各部落的公開信，請他把聖經帶回歐洲。

若望保祿二世，趁著您來訪之便，我們安地斯人和美洲印第安人決定將您的聖經歸還給您，因為這五世紀來，它並未帶給我們愛、和平或公義。

請將您的聖經帶回給壓迫我們的人，他們比我們更需要其中的道德訓誨。

然而，拉丁美洲興起了一場拯救聖經於殖民濫用的浩大運動。殖民時期甚至出現引述聖經指責虐待印地安人的聲音。當然，要證明殖民者對印地安人無比殘酷並不需要聖經，但可藉聖經的權威來反對壓迫原住民。新世界中第一位指派牧師巴托洛梅．德拉斯．卡薩斯（Bartolomé de Las Casas），他是征服古巴（一五一三年）的西班牙軍隊教士，曾擁有奴隸，後來成為西班牙遠征的堅定反對者。他引述《德訓篇》（Sirach）34:21-6：「麵包乃窮人的性命；誰從他們手中奪取，必是可怕之人。奪走鄰人生計等於謀殺；不給員工薪資等於灑血。」一五一四年，他在聖靈降臨節（Pentecost）的布道中強調，給神的獻祭若取之於不義，上面便是沾有窮人血跡：「以窮人財產作犧牲的，就像在其父眼前殺死兒子的人。」他終於被下令遁入修道院，遭敵人詆毀為異教徒，皇帝查理五世收回他的聽告解行使權。隨後，西班牙菲利普二世批准了將其作品充公之舉。

當代拉丁美洲的解放神學，同樣強調從窮人的視角看待現實。他們聲稱，上帝站在窮人這邊，所以教會必須擁護「窮人的優先權」；他們相信，窮人的精神資源將為教會重生注入活水。

在《解放神學》（*A Theology of Liberation*，一九七一年）中，祕魯印地安神父古斯塔沃．古鐵雷斯（Gustavo Gutiérrez）回顧將近五百年的殖民與西方統治。廣大民眾的生活極為困苦，原住民多被圈在郊區或都市邊緣。但古鐵雷斯認為，聖經談到解放——「基督釋放了我們，叫我們得以自由」（加拉太書 5:1）——這種自由須涵蓋政治與經濟層面。保羅的講道提醒我們「從舊人到新人、罪孽到恩典、奴役到自由之路」，但他談的自由是「解放自罪孽，罪孽代表自私地轉向自己……不公平的架構背後，存在該負責的個人或集體意志——一種排斥上帝與鄰居的意願。那也意味無論多麼激進的社會轉型，都不可能自動消滅一切惡行」（《解放神學》，第三五頁）。

解放神學是想把神學擴大到人類生存的社會與政治層面上，思索能實現一個和平公義世界所需的轉型本質。這種轉型在定義上得是社會性質、以及社會結構與型態的轉型，但它不能僅止於此，若想帶來持續的和平公義，個人與集體的心意就得改變。

這種從隱密和個人救贖轉向公開、社會面向的神學轉折，正是解放神學的特點。它奠基於聖經文本揭示的上帝本質，尤其是出埃及記、耶穌受難及復活這些文本。出埃及記談到上帝對其子民在埃及被奴役而哭嚎的回應；描述耶穌死亡及復活的文本，則談到對整個人類生存轉型的盼望。

出埃及記描寫以色列人脫離埃及的奴役，進入「流奶與蜜之地」，而會選擇出埃及記敘事的原因顯而易見：它談及一位「支持受迫者的神……神的公平，使祂偏愛孤兒寡婦。很奇特卻也很合邏輯地，不為人開例卻意味在壓迫之情況作出優先選擇」〔皮克斯利（Pixley），《論出埃及記》（*On Exodus*），第二三二頁，並參考申命記 10:16-18〕。

若說挑選出埃及記不難理解，這項選擇卻也問題重重，且不僅限於後殖民時期的拉丁美洲。這些敘事與征服迦南的文本緊密相連，給殖民剝削拉丁美洲甚至其他國家，提供了意識形態的素材。若要避免讓解放敘事變成征服與種族滅絕的文本，就需要採取某些嚴選原則。

皮克斯利和古鐵雷斯採取了不同的途徑。皮克斯利循著美國神學家諾曼・歌德瓦（Norman Gottwald）提出重建的以色列歷史。這補足且澄清聖經所示，並未形成嚴重矛盾。就歌德瓦來看，以色列是發跡於巴勒斯坦「人煙罕見」的山區的一群部落民族，為了逃離沿海平原高壓、戰火不斷的諸王國而選擇內部遷徙。隨後，逃離埃及統治的希伯來人加入他們，這些不同族群遂因信仰希伯來的神耶和華而聯繫在一起。有關征服、滅絕迦南人的敘述被視為後來的附會。這段故事中神學上的核心在於對解放者——耶和華——的信仰。「儘管埃及軍隊勢力龐大，他們仍成功逃離被迫奴役的命運，這個事實證明站在埃及窮人這邊的神是真正的神」（皮克利斯，《論出埃及記》，第二三六頁）。

古鐵雷斯則比較靠近聖經文本，但頗有選擇性。在他那本聖經默想錄《生命之神》（*The God of Life*）中，完全沒提到約書亞記。他做的是把出埃及記文本與耶穌講道並列，尤其是祂在路加福音（4:18）最初講道時對以賽亞書的詮釋：

主的靈在我身上，
因為他用膏膏我，叫我傳福音給貧窮的人；
差遣我報告：被擄的得釋放，
瞎眼的得看見，叫那受壓制的得自由。

透過這個視角，征服應許地那段敘事就消失了；或者這麼說，耶穌強調舊約傳說的講道，本身便為閱讀整本聖經提供了（標準的）挑選原則。這與歌德瓦想藉歷史重建來糾正／淨化聖經，形成鮮明的對比。

聖經在非洲

非洲的殖民狀態一直持續到相當近代，大部分的國家要到二次世界大戰後才獲得獨立。相同地，聖經在此也被當作壓迫工具與解放手段。在南非，出埃及記和進入應許地的故事，對南非白人民族主義（Afrikanerdom）意識形態的興起有重要影響。隨著英國人從早期荷蘭殖民者手中接管好望角，在此地執行自己的立法與稅務，阿非利卡人（Afrikaners。譯注：南非和納米比亞的白人移民後裔）開始遷徙，在納塔爾省（Natal）和川斯瓦省（Transvaal）成立新的共和國〔前者為奧蘭治自由邦（Orange Free State）〕。他們輕易地從舊約中找到此舉的呼應：自己逃離英國的枷鎖，邁向神所賜予的應許地。雖不滿英國不准他們保留奴隸，這點卻不影響他們做出上述的類比。舊約也未譴責奴隸制。《摩西五經》相對開明的律法亦僅加以規範，並未予以廢止。

之後，阿非利卡人的意識形態將「牛車大遷徙」（Great Trek，譯注：南非的荷蘭語定居者向東遷徙）視為一趟「神特有的民族」擺脫束縛的朝聖之旅；後在英軍之下，進入應許之地，四周被不信神的黑色「迦南人」團團包圍。於是，挪用這段文本時注入了種族元素，黑人被比作迦南人，相對阿非利卡白人是神的獨特子民，從此在兩種人間樹立起永遠的藩籬。

這樣的聖經詮釋並非沒有受到質疑。大部分反對種族隔離是基於世俗的意識形態，而教會領袖如戴斯蒙·屠圖（Desmond Tutu，見下頁圖五），他則以相當敏感的一點去質疑阿非利卡人領袖：他們對聖經故事的引用。

屠圖反對種族隔離的土地政策，尤其是把黑人驅離他們的傳統土地，安置到所謂的家園。當阿非利卡人把黑人當作是因無法無天而被逐出的「迦南人」，屠

圖五 戴斯蒙・屠圖。（圖片來源：David Pearson/Alamy Stock Photo.）

圖以「拿伯的葡萄園」的故事來形容被強行驅離的鄧肯村黑人居民。這則故事在列王紀上第二十一章裡，撒瑪利亞王亞哈向臣民拿伯提議購買或交換他的葡萄園。拿伯拒絕，因為那是「他先人留下的產業」。亞哈的異國妻子耶洗別介入安排，使人去誣告拿伯，讓他遭石頭打死。亞哈去占領葡萄園時遇到先知以利亞，以利亞用生動語彙宣告神對他的審判：「狗在何處舔拿伯的血，也必在何處舔你的血。」（21:19）。

屠圖大可用拿伯來比喻村民，用亞哈跟耶洗別去比喻南非政權，後者擁有權勢，自認可將村民視為「不重要之人……在這國家、你們出生之地，你們是無名小卒」。然而「神在意不公，在意壓迫，在意剝削。」該政權將之描繪成種族政策、隔離發展，屠圖毫不妥協地指其為不公不義、藐視黑人尊嚴。「南非有足夠土地給每個人，只是有人很貪心，此時他們又握有勢力，便可以他人為代價逞其私慾，因為他們認為這些人無權無勢，但這些人有著神的支持。南非，請牢記拿伯之葡萄園的故事。」〔屠圖，《盼望與苦難》（*Hope and suffering*），四二頁〕拿伯故事隱而未言的細節，讓屠圖的暗示布滿張力，甚至帶有威脅。南非白人何以對屠圖如此反彈也就不難理解了。

在給當時南非總理約翰．渥斯特（John Vorster）的公開信上，論及土地權一事時，屠圖發表過強烈聲明：

> 作為一個人寫給另一人，我們都榮耀地被依神的兒子的模樣所創造而生〔羅馬書 8:29〕，神的兒子為我們眾人死在十字架上，從死裡凱旋復活……經由聖靈聖化，同一聖靈探向我們內心，將我們的石心變成肉心〔以西結書 36:26；哥林多後書 3:3〕……以一個基督徒對另一名基

督徒的身分，因透過共同洗禮我們已成為親愛的主和救主——耶穌基督——的部分且合而為一〔哥林多前書 12:13〕。無論我們做過什麼，這位耶穌基督打破了莫名將我們隔離的一切——諸如種族、性別、文化、地位等〔以弗所書 2:14；加拉太書 3:28〕。在這位耶穌基督裡，我們永遠融為一體成被救贖之人，無分黑白。（屠圖，《盼望與苦難》，第二九頁）

這個發聲充滿聖經的回聲與暗示，打造出閱讀聖經的標準框架。屠圖沒有挑選如出埃及記或擁有應許地等單一主題，而是廣泛地從舊約與新約取材，提供一種共有的基本信念。阿非利卡人詮釋征服文本的種族主義，被一種基督教的普世性所取代，社會分歧被擱置一旁，代之以「在基督裡」的共同人性。

獨立後的非洲讀經

扔掉了殖民枷鎖將如何？由西方傳教士建立且長期經營的非洲教會，如何才能發展出就表達與社會體現層面上，真正具有非洲性的神學與精神？聖經對此能有何貢獻？本土化並讓基督教深植非洲文化的這個議題，不論是主流教會與獨立出去的——非洲獨立教會（African Independent Churches，AICs）——都一直在努力。

波扎那的繆莎．杜貝（Musa Dube），她談起在國內的非洲獨立教會中，女性如何詮釋馬太福音 15:21-8，這是關於耶穌遇見一名迦南婦人的故事。那婦人來求祂治被鬼附身的女兒，耶穌先是打發她走，宣稱她「奉差遣不過是到以色列家迷失的羊那裡去」，並說：「不好拿兒女的餅丟給狗吃。」但那婦人的回話：「主啊，不錯，但是狗也吃牠主人桌子上掉下來的碎渣兒。」這使耶穌稱許她的信心，成全了她的要求。

非洲婦女對這故事的詮釋在幾個層面上都令人訝異，而這都本於對聖靈莫亞（Moya）的堅定信仰。這聖靈賦予人們力量「去預言、醫病、協助找工作者、修復家人關係、保障豐收、風調雨順、家畜興旺、退散厄運」（杜貝，《研讀聖靈莫亞》（*Reading of Semoya*），第一一二頁）。因此，她們說是這聖靈帶耶穌遇見這名婦人；讓耶穌治癒、教誨、傳教，是這聖靈的任務。此外，聖靈對她們而言海納百川。非洲獨立教會出自「宣教教會歧視性領導的排斥……莫亞則讓她們看見福音之美，其公義，其超越殖民教會歧視傾向之包容性」（《研讀聖靈莫亞》，第一二四頁）。令人印象深刻地，其中一名女性如此形容迦南人與以色列人的關係：「以色列人從遭到奴役的埃及被領出……帶到迦南，流奶與蜜之地。這位信心巨大的迦南婦人讓我們看見，什麼叫他們的土地流著奶與蜜。」就如杜貝的評語：「這是顛覆性的後殖民解讀；它瓦解了帝國策略，殖民者那種利用貧困與缺乏信仰的語言來合理化自己統治別國行徑的策略」（《研讀聖靈莫亞》，第一二五頁）。

這種包容性，表現在讀者自己願意借鑑基督教以外的傳說來製作自己的故事。莫亞這個概念在非洲宗教相當普遍，是上帝當下的作為，「進入人心且賦予力量」。這種從雙方宗教找出一種概念的做法，「是抵抗跟療癒的策略，來應付帝國強加的文化勢力；後者靠的是貶低彼此差異，強加些許普世標準」（《研讀聖靈莫亞》，第一二五頁）。在此同時，強調聖靈可容許自由，獨立教會成員可在聖靈裡發聲，毋須請求官方或聖經准許。這對女性是莫大解放，而她們在非洲獨立教會的角色至關重要。

最後杜貝提及，重視療癒是獨立教會理解信仰的核心。種種療癒活動是教會生活的重心，且公開坦然，這包括生活的所有面向：「失業，關係破裂，收成太差，牛隻不見，惡靈附身，身體疾病，運氣很背……透過他們宣稱神的聖靈給予他們能力來治癒這些社會毛病，非洲獨立教會與上帝長期共同對抗制度壓迫。他們帶來承諾與出口。這個療癒空間成為他們面對社會問題的政治論述，不是被神

棄置的無助者，而是有力改變社會狀況的掌控者。」（《研讀聖靈莫亞》，第一二六至一二七頁）

在此，療癒——福音書裡耶穌講道的重要主題，但在啟蒙運動影響下的西方解讀被看輕——是非洲獨立教會解讀聖經文本的核心，因此他們對主流教會所提供的解讀方式有著雙重抗拒。一種是抗拒對殖民主義的解讀，這種解讀使得被殖民者被邊緣化或排斥；聖經應該是具有解放性，賦予窮人力量，開放而非排他，賦權於女性。另一種則強調一個不同的宇宙觀：相信神的作為是透過聖靈莫亞，相信教會能施展神的治癒給所有人。杜貝認為，這樣的信仰讓獨立教會成員產生力量，以對抗生理與經濟的殘酷處境。它們提供一種解讀框架，一種基本信仰，由此可開啟對聖經文本的全新視角。

運用與濫用

從殖民到後殖民的聖經閱讀，為聖經的運用與濫用提供了極有啟發性的研究，清楚顯示出聖經文本無比的彈性與內涵。聖經的解讀可以是南轅北轍的：依據被詮釋的角度，同樣文本可為同一群人帶來生或導致死。這也許足以讓某些人徹底放棄聖經。另一方面，就如萊辛在大約兩百五十年前所思考的：徹底背離聖經，意味著可能會背離生存的重要資源。

這樣的討論讓我們直面尖銳的兩難。遠觀拉丁美洲的殖民歷史，看到征服者利用聖經來當成虐待原住民的道德手段與宗教後援，不得不令人感到齒冷。而我們也不能簡單地認為他們對聖經的解讀是完全任意妄為：聖經裡迦南人被滅絕的故事同樣令人寒心。另一方面，當代證據強烈證明，聖經能為受迫人民帶來安慰、力量與解放，就像它曾經豐富了猶太與基督教的文化一樣。如果我們背離聖經，我們將失去太多，也太過危險。

但該如何運用聖經呢？首先，要審慎明辨。對於聖經裡的不同聲音，以及它被解讀的不同方式，我們要有所覺。我們要學會辨別這些聲音與解讀，善用自己的道德判斷。其次，我們要本於厚道。我們要讓聖經裡創新、解放、有建設性的聲音帶領我們理解文本，而非如屠圖與種族隔離的南非那樣，各取所需元素，形成閱讀聖經的鏡頭。別讓自己的道德判斷被聖經的黑暗面蒙蔽。話說回來，批判且仔細地閱讀聖經，可提高並強化我們的道德意識，提供一種能轉化個人與社群的道德及宗教視野。

第九章

當聖經置身政治時

舊約／希伯來聖經裡的文本、律法、預言，至少釐清了一件事：神對其子民的旨意和指示涵蓋了整個生命。無論在摩西與亞倫或之後諸王的帶領下，人們所為將由神來裁決。他們作為一個民族的存在源自神。若遵照神的律法，祂將護佑；設若違反，祂將予以審判、流放與奴役。

新約的訊息就沒那麼明顯：主角耶穌獻身的倫理，就某些人來說似乎超凡脫俗。耶穌的某些教誨可用來明確區分世俗與宗教領域：「該撒的物當歸給該撒；神的物當歸給神。」（馬太福音 22:21）；「我的國不屬這世界。」（約翰福音 18:36）。同樣地，保羅鼓勵他的羅馬同儕順服權柄（羅馬書 13:1），又冀求根本的社會轉型，其間羅馬社會賴以建立的猶太人、希臘人，自主的、為奴的，或男或女，之間的區別將被消除（加拉太書 3:28）。啟示錄中，羅馬被描繪成巴比倫淫婦，先知預見它的毀滅以及神的統治將擴展整個世界的時間（啟示錄 17:1-6）。有時候，新約似乎設定了一種世界規範，前提必須是當下的統御者下台，新天新地成立；其他時候，它又似乎允許世俗世界不受干預地自行其是，而自己則專注於天國事務。

「當人們宣稱宗教與政治不相關，我真不知道他們讀的是哪本聖經。」

——戴斯蒙．屠圖，基督教救援會（Christian Aid）海報

聖經內容既然如此複雜甚至自相矛盾，我們可能就會預期它們形塑的社會將同樣繁複多樣。路德鼓勵追隨者在日常中活出信仰，但他對神的國度與世俗的區分，卻讓追隨者不甚明瞭其界線。殖民主義的解讀合理化了這一切：基督徒征服拉丁美洲與非洲，征服甚至是滅絕當地原住民。另一方面，同一本聖經又可能作為解放被殖民者的有力工具。本章我們將檢視其他政治層面，探看聖經如何影響政治主張與實踐，儘管其間不免有反對聲浪。

效忠國家：宣誓與攜帶武器

並非所有的宗教改革者都認同路德對世俗與精神王國的區分。極端改教運動（Radical Reformation）中的重浸派（Anabaptists）等，很快便放棄與世俗統治者合作的想法，他們自己成立社群，成員都許諾實踐登山寶訓。他們避免華服財富，拒絕當庭宣誓、攜帶武器或尋求自衛。對那些以為宣誓與死刑——劍的力量，是維持法律秩序的人來說，這些虔誠的福音倫理布道者毋寧對民間穩定帶來威脅，必須祭以重懲。

與重浸派一樣，英國的貴格派自由解讀了登山寶訓，也拒絕攜帶武器、聲明起誓。不過他們遇到嚴重反制，於是許多人跑到殖民地的新世界尋找新生活，然而在英國殖民地的生活並沒有比較好，一六五七年抵達麻州的貴格教徒遭到鞭刑，耳朵被割，四人因傳教被吊。值得一提的是，一六八二年，英國著名的貴格教徒威廉・佩恩（William Penn）──曾因信仰被拘禁於倫敦塔，卻與詹姆斯二世有密切的家族關係，他被皇家授與一塊新殖民地，涵蓋現今的賓州與德拉瓦州。包含之前在這塊殖民地的荷蘭與瑞典墾民，拒絕在宗教中使用強迫手段，容納所有一神教，與美洲土著交好。很快它便吸引了英國、蘇格蘭、歐陸的新教徒，包括許多極端改教運動成員。

貴格傳教士喬治・福克斯（George Fox）對宣誓的立場很清楚：「留意讓人起誓，因為基督我們的主說，『千萬別起誓；只要說是、是、不、不即可：超出這些，惡魔就來了。』」賦予所有人真理並讓他們作證的是：「每個人身上的光」；起誓、宣言只是人們在審判日得答覆的「空話」（丹尼爾・布爾斯丁（Daniel Boorstin），《美國人》（*The Americans*），第四四頁）。舊約關於起誓的規則純粹針對猶太人，不能用來駁斥「禁止一切誓言」的耶穌和雅各。福克斯在一六五六年因這番觀點被告上法庭，但到了一六八九年，貴格教徒已被准許在「全能的神」面前做簡單確認，毋須就刑事案件提供證據、出任陪審、擔任公職。

在賓州，一條法律准許人們「莊嚴起誓，一切所言完全屬實」。但這有個問題。賓州當時是英國殖民地，這可能牴觸英國法律。此外，許多移民無法信賴不照規矩起誓的證人與陪審員。他們最終達成一項協議。官方同意貴格教徒可在不提及上帝的前提下，對刑事案件作證與擔任公職，但官方堅持其他人必須在適當官員面前起誓。既然貴格教徒拒絕起誓，他們就無法擔任某些公職，特別是行政官與法官。

攜帶武器是更嚴苛的一項挑戰。貴格教徒獻身和平主義。在大英國協對抗查爾斯・斯圖爾特（Charles Stuart）時，福克斯曾拒絕為此參戰。他的立場完全是基於聖經文本：

「我們愛好和平，追求眾人的和平、美善與福祉……因為基督曾言：『祂的王國不在這世界。若是，祂的僕人將起而戰鬥。』所以他吩咐彼得：『收起刀劍；因為，』祂說：『凡動刀的，必死於刀下。』這是聖徒的信心與耐心：忍受一切，明白復仇屬於上帝，知道祂將懲罰傷祂子民、殃及無辜的人。所以我們不能報復，只有憑上帝之名，忍受一切。」

（布爾斯丁，《美國人》，第四八至四九頁）

貴格教徒大概希望在逃離英國後，能過上自由追尋和平的日子、免受英國政府的軍事政治野心操縱，但賓夕凡尼亞州作為英國殖民地，卻讓這個夢想完全不可能實現。他們參與一連串對付法國和西班牙的戰事，但大致上受到北方與南方殖民地保護，免受國王敵人攻擊。可是後來他們遭到美國原住民的攻擊，而在此地交戰的殖民者不斷地壓迫著這些原住民。一七五五年，西部開拓者被原住民打得七零八落，時任議會聯合政黨領袖的富蘭克林，努力凝聚「提升軍力保衛殖民地」的共識。一七五六年，州長和議會對德拉瓦（Delaware）與肖尼族（Shewanee）印地安人宣戰，在賓州議會占多數的貴格教徒於是辭職。

有些人，像是美國史學家布爾斯丁，對貴格教徒執著於自己的動機與行動的純潔性感到悲嘆。要是貴格教徒肯妥協，就能握有勢力，對後來美國社會的發展會有較大的影響。但一個人能否以和平主義者之姿來妥協，並始終堅持原則，對於這一點實在很難說。他們在英國的貴格教友呼籲他們不可動搖，他們是愛好和平者，一旦拾起武器就會喪失自我，難為真理作見證。他們旨在打造一個以這些原則為公共政策的社會，但他們始終無法掌握自己的命運，從宣誓爭議便可見一端。賓州的狀況受英國帝國野心牽制，其他遷來這塊殖民地的人，對於如何對付侵略他們新家的原民，也許自有一套想法。貴格教徒企圖把原則納入公共政策時，無法處理這樣的需求：平衡不同的、難免有衝突的各方原則。於是他們成為邊緣但有遠見的群體，願拿自己生命證明戰爭與壓迫的殘酷。這可能無法產生像路德教義衍生而出的持久政體，然而，正因為他們「拒絕放棄其原則應該具有某種公共地位」的立場，他們的貢獻不可磨滅。這是把精神道德跟世俗倫理清楚切割的人所望塵莫及的。

性別政治

賓夕凡尼亞貴格教徒想建立以和平主義為原則的社會，他們為此遇到的困境清楚顯示出，那些想依循新約某些原則戒律的人，面對的挑戰是何等巨大。他們似乎與所有社會中根深蒂固的做法截然相反（包括那些在很大程度上借鑑聖經的做法），以致他們最多只能自成一個社群，離主流愈遠愈好。保羅於加拉太書3:28所說的，在基督裡不分猶太人、希臘人，自主的、為奴的，或男或女，這種世界是建立在一個與一世紀以及其他許多社會截然不同的基礎上。但確實有人從這些經文得到啟發，而去挑戰那些根深蒂固的思維與做法，去撼動自己所居世界的根基。我們就來看看由此衍生的一項議題：男性／女性的關係。

保羅說在基督裡無分男女，此言多麼激進自不待言。基督教社會倚賴父權，聖經是此特點的主要來源，規定女性要順從男性，把男人地位高舉在女人頭上。

我們之前注意到兩段創世敘述對女性的態度。包含新約要女性在教會閉口不言的訓誨（哥林多前書 14:34）、要妻子事事順服丈夫（以弗所書 5:21-33）。多少世紀以來，這類教導深植教會生活，以致當女性主義興起，很多女性感到自己在主流教會無處容身。但也有人相信，教會和聖經蘊含解放的資源，可驅使教會與社會更支持兩性平等，不再你上我下。對此他們如何著手？

首先，有些論者努力讓人們去注意到聖經的許多壓迫情節，像是美國舊約學者崔菲莉（Phyllis Trible）博士。在她的著作《駭人經文》（*Texts of Terror*）中，她點出部分女性被對待的殘酷本質。士師記第十一章，耶弗他向耶和華許願說，若打勝仗回來，先從他家門出來迎接他的，他將獻上為燔祭。結果來的是他女兒，但這沒有阻止他實現誓言。這類故事很多，我們將在第十章探討瑪格麗特．愛特伍（Margaret Atwood）的《使女的故事》（*The Handmaid's Tale*）時再看一些。

若真想從聖經找到替代父權之道，必定得透過提升意識之舉。但聖經有哪些正面素材？我採用兩個截然不同卻相互為用的途徑來回答。在美國任教的新約學者伊莉莎白．薛絲麗─費蘭札（Elisabeth Schüssler-Fiorenza），嘗試在著作裡改寫基督教的早期歷史，凸顯源自耶穌的平等主義在當時的重要性。耶穌在天國傳道中宣告，救贖即將來臨。而這新救贖的事實彰顯在他的餐宴：「那是一種婚宴式的節慶共桌，不是某『聖人』的苦行禁慾……耶穌的中心願景不是被揀選之人的神聖性，而是全部所有人的完整性。」〔薛絲麗─費蘭札，《紀念她》（*In Memory of Her*），第一一九、一二一頁〕。所有人都包括在內，「或男或女，妓女或法利賽人」。所以，耶穌的願景與父權制對立，與任何想分割社群整體性、想激起這一群對抗那一群的意圖對立。對薛絲麗─費蘭札而言，加拉太書 3:28 是關鍵文本，而同樣重要的，是擱下父權家庭關係、推崇「凡遵行神旨意的人」是「平等的門徒」的福音書：他們就是「我的弟兄姊妹和母親了」（馬可福音 3:35），因此一切名稱與階級都要放下：「也不要稱呼地上的人為父，因為只有一位是你們的父，就是在天上的父，就是基督。」（馬太福音 23:9-10）〔薛絲麗─費蘭札，《平等的門徒》（*Discipleship of Equals*），第一七六至一七七頁〕。

而且她主張，這種平等精神其實在早期基督教傳道史便可看見，女性在其中扮演與男性相當的角色。

儘管新約有「平等門徒」的清楚證據，顯示女性在關鍵時刻扮演重要角色，在十字架旁，是耶穌復活的主要見證（約翰福音 20:11-18），然而卻也有抵制這種平等性的證據。保羅在哥林多前書 15:5-8 列出長長一段見證耶穌死亡與復活的權威名單（儘管連這裡也沒明確提及女性），通常被視為對女性最友善的路加福音，也把女性排除在復活見證者之外：唯有使徒們看見復活的耶穌，尤其是彼得。薛絲麗—費蘭札相信，如此強調彼得，必然是「出於基督教早期的討論，看誰最夠格作耶穌復活第一個見證者：彼得，或抹大拉的馬利亞」（《平等的門徒》，第一六四頁）。更廣泛地看，我們可察覺最早期的基督教社群壓制女性角色的傾向，以及到了第二、第三代，日益升高的父權制。

薛絲麗—費蘭札對於自己在《紀念她》中的書寫，她形容是「基督教起源之女權主義神學重建」。這是一種企圖，想重新找出被遮掩的基督教起源；而被遮掩的原因，部分出於新約本身的父權傾向，部分是後來教會的史料編纂。這番重建具有神學性質，因為在尋找耶穌與早期基督徒的關鍵神學願景；有女性主義性質，因為它對新約文本的批判閱讀，是受「女性從受迫到爭取自由的奮鬥」所啟發與推動（《紀念她》，第三二頁）。此書看待新約——應該說新約所呈現出的教會——並非將之視為教會的理想生活型式的永恆原型，而認為它是這樣一種原型：「對於自身轉型的任何契機，嚴謹地開放其可能性」（三三頁）。

其他的女權主義作家，將聖經及其故事、圖像、隱喻連同各種女性書寫，視為是重塑教會傳統且充滿想像的材料。瑪麗・葛雷（Mary Grey）是英國天主教神學家，在《暗夜之外》（*Beyond the Dark Night*）企圖用一整組意象表現那即將出現且貫穿「暗夜」的新教會形式。在談論「出走」的一章，她剖析「逃離迫害的壓縮符號，漫步曠野——並體會神的存在——期盼應許之地」（第四八頁）。運用這類「創造性想像」的符號是「擺脫疏離（alienated）的基督徒生活形式」的關鍵工具。出埃及記的意象——對解放神學（liberation theology）是如此重要的靈感——不再能提供精神激勵給前共產國家的人民。如今，這些人為自己在資本主義下的新生活所苦。「社會主義烏托邦的願景已然消失，餘存的是資本主義的誘人徽章。無目標地徘徊曠野，為他們的處境做出象徵性總結」（第四八頁）。在這種情況下，流放的意象反而更具魅力。葛雷想寫的不是自教會出走，而是把出走符號重行解釋為擺脫「疏離關係」的符號。

阻止大批信徒靠近聖餐桌的聖禮儀式（sacramental life），有成為疏離的聖禮儀式之險……譴責多數人為離經叛道者的性神學，有成為疏離的性事之險。對權力、神職人員及權威的認識，使朝聖者自覺卑微與被動時，這種認識是疏離的認識。（第五〇頁）

聖經意象在此被情境化：其中的畫面和象徵意義被自由引用，以求在教會與社群的疏離下找到整體感與包容性，因為這種疏離的力道可能扼殺及破壞人際關係。尋求聖經並非為了規範，而是盼能自由、揀擇地從中借鑑，作為能具體描摹人們生活經驗的意象庫。

聖經作為政治權威

放眼聖經的政治用途，要談政治權威實在非常片面。聖經的政治用途在公共政策上涵蓋甚廣，包括福利、奴隸制、經濟學、遺傳學、醫學等等。基於聖經幾乎在整個兩千年來的歐洲有至高地位與權威，其用途廣泛也不令人意外。政治人物若無視——或該講反對——意識形態支持的潛在源頭，就很難當上政治人物。

儘管政治權威如此片面，當中運用聖經的相互衝突也令人結舌瞠目。路德和主流的宗教改革者藉其正當化裁決權，明確劃分掌管世俗社會的律法與針對基督徒的登山寶訓教誨。另一方面，堅持耶穌教誨應在國家生活實踐的人們，不得不面對這一點：想要把制度和立法層面的泛泛之談，用在身處特定危險與情境的特定社群上，在現實中有難度。但爭執的雙方也都同意，聖經是給教會和社會一致訊息的書，不管雙方對那種訊息的本質在解釋上有多大差距。

我們前面提到的女性主義批評家十分清楚：聖經不可接受之處很多，而最難的是在探尋教會與社會革新時，能從聖經找出有用的資源。這個探尋過程最終得依女性奮鬥經驗而行。但同樣地，要挑出更有創意的資源，可以採用不同的策略。對某些人來說，歷史評論幫助他們識別出「差點被後來的意識形態偏差所掩埋」的聖經元素。對另一些人而言，則是透過重建聖經意象和符號情境來激發充分想像，由此，全新的生活及社群能從聖經故事裡誕生出來。回到稍早的討論，我們或許可以看出這兩種非常不同的聖經概念的作用。在前者眼中，聖經仍屬規範性質，而想要建立這種規範的話，首先必須透過歷史來鑑別「經文裡真正有約束力的原素」方能確立。對於後者，聖經的權威絕對在其形塑性質：它提供的工具和意象，可奴役人也可讓人自由；鑑別也很重要，只不過目光應該放在現實而非過去。

第十章

高雅文化與通俗文化中的聖經

聖經是歐洲文化的主要源頭之一。透過各種翻譯，它對歐洲及北美所有主要文化的語言、文學、藝術和音樂，都有形塑性的影響。它持續影響電影、小說及音樂裡的流行文化。聖經的語言、故事、隱喻、類型、角色是龐大的文化寶藏，人們有意識或無意識地從中取材，手法萬千使人目不暇給。從偉大小說如湯瑪斯．曼（Thomas Mann）的著作《約瑟和他的兄弟們》（*Joseph and his Brothers*），音樂表現如巴哈的《馬太受難曲》（*St Matthew Passion*）的精心重述，畫家林布蘭對聖經場景和敘事的深入描繪，到小說詩歌對聖經隱喻與主題的呼應，運用層面無遠弗屆。像米爾頓與布雷克這樣的詩人，若讀者不了解他們作品中的聖經來源，那麼將很難真正讀懂他們的作品。對其他作家來說，則更像在借鑑某種「偉大密碼」，這是某種文化遺緒，幾乎不可能迴避，儘管他們也許並不知曉聖經的源起。

聖經重述：音樂裡的聖經

聖經敘事的重述，就是聖經本身的一項特色。列王紀的故事再現於歷代志；福音故事被重複講了三遍。此外我們也已看到，這種重述早在西元前二世紀便可見於猶太與基督教著作。亞伯拉罕綑綁以撒的故事，在《禧年書》、約瑟夫的《猶太古史記》（*Antiquities*）、《米德拉什》（*Midrash*）到中世紀的詩歌，都一再重現。這樣的重述幫助聽者詮釋自身經驗，也能把這些經驗銘刻到屬於自己的聖經文本。這種交互作用——運用聖經的文化語言理解那常令人不安的新經驗，進而根據這些使人困惑的異常體驗來重塑／重新詮釋聖經文本——將鼓舞作家、藝術家及音樂家跳出信仰藩籬，延續這項傳統。

這種脫離特定教會背景來重述聖經故事的過程，必定是循序漸進的。中世紀時的受難劇，就是溢出教會藩籬進入更大舞台的很好例子。上阿瑪高受難劇

（Oberammergau Passion）是為了從瘟疫解脫所做的感恩祈禱，顯示這類流行的受難記重演，可能與社群史上特定事件有所關聯。這類演出延伸出中世紀的禮拜儀式：以戲劇形式誦唱福音受難記——傳道者、各個角色跟群眾，各有表現聲音。這種音樂傳統在十七世紀時，隨著歌劇、神劇、清唱劇以及伴隨而來的詠嘆調、宣敘調、聖詠曲的出現而發展起來。詠嘆調及詠唱的新文本又加入福音書，使參與者的情緒獲得更充分的表達。趨勢愈演愈烈，到十八世紀初，受難記已脫離福音書文本，自成獨立重述。巴哈尚存的兩部受難曲，《約翰受難曲》與《馬太受難曲》，仍維持中世紀「呈現全本福音書」的傳統，雖然他在《約翰受難曲》加入馬太福音的段落（耶穌死後出現雞鳴地震時，傳道士的談話）以求增色。

整體而言，早期的《約翰受難曲》更加簡潔，福音書的文本更加突出，但音樂仍清楚凸顯出某些主題。首先，福音書的合唱部分——這是巴哈展現戲劇技巧的絕佳機會——呈現出耶穌如何遭到祂的子民拋棄，先是祭司長與他們的僕人然後是「猶太人」，嚷叫著要祂被釘在十字架上。而在這當中，巴哈放進一段詠唱：

憑靠你的入獄，神的兒子，
自由來到我們身上。
你的牢獄是恩典的寶座，
所有信徒得解救之地。
若不是你扛下奴役命運，我們將永遠被奴役。

這有雙重效果。首先，猶太人的敵對和他們參與耶穌被處死一事受到凸顯，這點不容否認。當然福音書的文本是有強調這個環節，但合唱高喊耶穌被釘十字架的激情，更凸顯出他們是共犯。但這合唱表現並不是核心。新教主張基督承擔人類罪孽的懲罰，人類被其罪惡重壓，這才是核心。受難記的焦點在人類試圖掙脫罪惡、得到和平自由，但表現猶太人群的音樂力道仍在，且在之後的《馬太受難曲》更為加強，其中詠嘆調及聖詠曲也朝著新教的方向發展。

巴哈的受難曲，最初是為十八世紀初在萊比錫舉行的新教聖週紀念儀式而寫。至今它們仍是新教慶典不可或缺的一部分（雖然幾乎不會出現在教會儀式），但早就輕易地進入了音樂廳。禮拜儀式作品能融入世俗，證明偉大的聖典創作如何擊中人心，使參與者直面人類生存的偉大與悲愴。

英國作曲家布列頓（Britten）的《戰爭安魂曲》（*War Requiem*，見圖六）也可見到這種禮拜儀式的擴展，作曲家將詩人威爾弗萊德·歐文（Wilfred Owen）描述一

圖六　班哲明·布列頓（Benjamin Britten）的《戰爭安魂曲》（*War Requiem*）首演排練。來自英國和德國的歌手：彼得·皮爾斯（Peter Pears）、迪特里希·菲舍爾—迪斯考（Dietrich Fischer-Dieskau）。（圖片來源：Erich Auerbach/Stringer.）

次世界大戰的詩作放進安魂彌撒。在聖餐奉獻儀式，即呈上麵包與酒作為獻祭時，男孩合唱團祈求信徒靈魂從痛苦煉獄獲得解放，祈禱天使長引領他們進入聖光，「這是你對亞伯拉罕與他後裔做出的承諾」。最後一句出現在一段延伸賦格，帶出歐文改寫的綑綁以撒情節：

於是亞伯蘭站起，劈柴，動身，
帶著火，和一把刀。
兩人停歇時，
長子以撒開口說，我的父親，
看哪火與鐵已備好，
但燔祭的羔羊在哪兒呢？
亞伯蘭用皮帶捆住少年，
造起矮牆與壕溝，
揮起刀子要殺兒。

看哪！天使自天上呼喊，
說，快把你的手放開，
千萬別傷這孩子。你瞧，
一隻公羊，被角絆在灌木叢中；
犧牲這驕傲的公羊來代替他。
老人卻不肯，依然將兒子殺死，——
以及歐洲一半的子嗣，一個接著一個。

獨唱者重複此詩最後一行時，男孩合唱團再度加入唱起奉獻經，是承諾亞伯拉罕及其後裔的暗喻。

正如拉比以法蓮的詩（見第五章），這故事在詩人痛苦的重壓之下破碎。但在拉比的詩中，以撒雖死，最後仍得復活，亞伯拉罕的信仰仍得見證。歐文的「老人」則在壕溝旁的圍牆「一個接一個」地屠殺了歐洲的後裔，拒絕以驕傲的公羊為獻祭。在布列頓的安排下，士兵們的聲音由祈求死者復活的合唱伴隨：

「讓他們，上帝啊，從死裡復生，如你曾答應亞伯拉罕與他後裔的」。與拉比的詩相較，這個改寫與出處的斷裂更加劇烈。故事的基礎──亞伯拉罕相信神將保守他與他的後裔──受到亞伯拉罕對兒子的舉動所質疑。男高音重複著兒子之問「我的父親……」，對比出兒子的純真信賴與隨後的無情殺戮。再看亞伯拉罕承繼的根本信仰已沒有意義了：唯有路旁那毀壞的十字架，那遭其子民背棄、被士兵圍繞的被釘十字架者的形象，帶來了些許希望：

有人曾吊死在這砲火猛烈的路口。
祂也在戰役失去一肢，
但此刻門徒皆已躲藏；
只有士兵在等候。

歐文的詩穿插著拉丁文的羔羊頌：羔羊所屬的上帝啊，帶走世間罪孽的神啊，賜他們安息吧。他改寫亞伯拉罕故事的效果是促使人們重新加以審視：向那些受國族驕傲所蒙蔽、盲目追隨國家的牧師與文士提出質疑。被殺戮的羔羊取代了驕傲的公羊。

藝術裡的聖經意象

聖經雖只含書寫，卻激發出一整個圖像與繪畫藝術的領域。這始於崇拜聖經的社群，基督徒比起猶太人更是如此，後者對會堂採用圖像一事相當保守。教會的肖像畫、繪畫、馬賽克、壁畫、彩色玻璃窗等，同時烘托並展現出一件事：窮人的聖經。偉大的義大利大師米開朗基羅在西斯汀教堂的繪畫（西元一五〇八至一五一三年，見圖七），喬托在帕多瓦的斯克羅威尼禮拜堂的成就（約西元一三〇五年，見下頁圖八），都達到了極致。

喬托的壁畫沿教堂正面牆壁分成四塊，（自上而下）描繪馬利亞生平、基督生平、罪惡與美德的寓言。通往聖殿的凱旋門上畫著天使報喜，西邊牆上是最後

圖七　米開朗基羅在羅馬梵蒂岡西斯汀教堂描繪的《最後的審判》。
（圖片來源：PRISMA ARCHIVO/Alamy Stock Photo/Museo del Capodimonte, Naples.）

圖八　喬托的濕壁畫之一，來自在帕多瓦的斯克羅威尼禮拜堂。（圖片來源：© 2021. Photo Scala, Florence.）

的審判。如同西斯汀教堂，這些畫作不只是要提醒會眾聖經的故事，而且它們絕非全都來自聖經。它們是要呈現一種全面的世界觀，這種觀點透過「道成肉身」來追求救贖，並在聖母的生活中進行準備。在描繪罪惡與美德的畫作以及最後審判的鮮明對比中，畫家個人對這個世界觀的解讀詮釋明顯表現出來。在之後的文藝復興時期的藝術中，這種圖解架構得到了擴展，舊約場景被拿來與新約做象徵性的比較與對照。

喬托描繪的新約角色儘管透露著溫柔與人性，不過他的作品在某方面仍屬制式，依固定樣式鋪陳教會的官方教義。文藝復興時期的藝術在描繪聖經場景時，就帶入了更個人主義、更具個性的元素。多納太羅（Donatello）的傑出雕塑作品「大衛青銅」（約西元一四四六年至一四六〇年），探討少男之美與內省；畫家馬薩喬（Masaccio）的作品被置於佛羅倫斯布蘭卡齊禮拜堂（Brancacci chapel），描繪亞當和夏娃被逐出伊甸園（約西元一四二五年），是望向人類荒涼與失落的深刻省思。一世紀後，格呂內瓦爾德（Grünewald）的畫作《伊森海姆祭壇畫》（*Isenheim altar*，約西元一五一三至一五一五年），不遺餘力地展現出被釘十字架的耶穌所受的折磨與痛苦，祭壇其他畫作呈現出天使翱翔天國或奉神旨行事，而這裡一片黑暗，失去一切神聖榮光：這是描繪上帝之子同理著受苦者被神遺棄的傑出畫作。

收藏於格拉斯哥亨特美術館的林布蘭油畫《安葬速寫》（*Entombment Sketch*，見圖九），也有著類似的主題。基督的屍體被安放在鑿於磐石中的墳墓，入口在右邊。一名男子支撐著基督肩膀；放下屍體的裹屍布，重量都落在一個年輕男子身上，他後面站著一個倚靠石頭支撐自己的身影；右邊有個戴頭巾並

圖九　林布蘭的《安葬速寫》。（圖片來源：Hunterian Art Gallery/https://commons.wikimedia.org/wiki/File:Rembrandt_Harmensz._van_Rijn_054.jpg）

跪著的人扶著基督腳踝旁的裹屍布。在這群人左邊，一名婦人持著火炬以手遮護；她身邊站著一位留鬍子的老者。在這群人後面的右邊還有一群身影，以手持燈籠的較大人影為首。林布蘭這幅以棕、赭、白色為主的油畫，它的一個顯著特點是對於光和暗的運用：觀者眼睛得適應光的微妙運用，強度只足夠讓右邊人影的輪廓浮現出來。相反地，來自基督軀體的光，從畫廊另一頭都能看見。

林布蘭畫了另一幅類似的《安葬》（*Entombment*），目前作品在慕尼黑，可能完成於格拉斯哥這幅畫作之前。慕尼黑的這幅畫，是包括有《牧羊人的崇拜》（*Adoration of the Shepherds*）在內的一組畫作之一。慕尼黑的《牧羊人的崇拜》，與格拉斯哥的《安葬速寫》有著驚人的相似，像是構圖——後者幾乎是前者的鏡像，以及光線似是從嬰兒基督身上反射。因此格拉斯哥那幅作品的人物，似乎微妙地處於悲傷、溫柔與敬拜之間。有趣的是，林布蘭是在原本俯伏基督腳邊的婦人之上，重新畫上目前跪著的人影。相較於悲痛地匍匐在地的形象，他似乎更偏好跪拜的形象。

林布蘭的油畫與福音書的關係很複雜，尤其馬太對耶穌之死與埋葬的描述（安放在新墳，大石頭滾到門口將墓封起），與伴隨耶穌死亡的戲劇化事件——聖殿幔子裂為兩半、地震、磐石崩裂、「聖徒起來」，形成強烈對比（馬太福音27:51-4, 59-61）。

從他的許多油畫、版畫、速寫，可以看出林布蘭很熱中於聖經所略過的細節：屍體從十字架取下、送往墳墓的方式、墓裡的場景。在慕尼黑的那幅作品中，觀看者的眼光從墓中人物被引開：透過磐石裡的洞，十字架隱約可見。相反地，在格拉斯哥的那一幅，入口晦暗不明：觀看者彷彿置身密閉的墓裡。畫作的封閉感呼應著墳墓的封印。而同樣地，林布蘭讓觀者看到是什麼讓岩石滾來：新生命的力量，存在於死去的基督身上，他被僅有的幾個親朋好友哀悼著、珍惜著、敬拜著。在此，林布蘭的確是自己的文本的詮釋者。

聖經的象徵主義：隱喻和概念中的聖經

無論是在文學、音樂、繪畫還是電影，不僅重述改寫了聖經中的偉大故事，更形塑了歐洲文化的遺緒。電影《生活的甜蜜》（*La Dolce Vita*），導演費里尼借鑑啟示錄的意象與主題，尖銳地指陳羅馬當代社會的墮落。導演伯格曼的電影《第七封印》（*The Seventh Seal*），是一部描寫瘟疫的黑色作品，當中採用了類似的主題。聖經的語言、隱喻、概念，以各種方式滲透著我們的文化：為場景添加轉折的措辭、到塑造整個作品的主要聖經隱喻及概念，無論它們被如何解讀或改寫（或被嫌棄）、到反思聖經本身角色的各式作品。

愛特伍的《使女的故事》就是強有力的當代範例。它說到北美後核子時代的獨裁國基列（Gilead），人們生育率急速滑落，產生了專事生殖任務的「使女」階級，她們被分派給沒有子嗣的領導高層夫妻。她們受到嚴格管控，若無法受孕或反抗，將受到嚴厲懲罰——流放外地或處以極刑。

聖經的「使女」一詞，是對奴役的委婉說法，字詞源自希伯來文「amah」，意為女僕或女奴。小說關鍵意義涉及女奴辟拉（創 30:1-9），拉結因嫉妒姊姊利亞得子而把辟拉給了雅各。這部小說中的敘述者奧芙弗雷德（Offred）說，「我們在中心聽到耳朵長繭、拉結跟利亞那些老掉牙的東西」（《使女的故事》，九九頁）。這呼應著亞伯拉罕、撒拉與夏甲的故事。撒拉無法受孕時，亞伯拉罕得到女奴夏甲，當撒拉懷孕後，把夏甲與其子逐去曠野（創 21:8-21）。最重要的是，這呼應了馬利亞在聖母領報時的話，「我是主的使女，情願照你的話成就在我身上」（路加福音 1:38）。簡而言之，這名詞跟奴隸、性剝削、順服有所關聯。

但還有一條比較顛覆性的敘事線索，也與聖經採用「使女」一詞有關，涉及人物包括亞比該（撒母耳記上二十五章），為免她的人民遭受被殺之禍，她從丈夫拿八那裡逃到大衛身邊，展開一系列規勸猶太王的「智女」故事；最後一則是友第德，她藉口要提供進入貝圖利亞城的密道，讓亞述將軍赫洛芬尼斯上鉤喝醉，拿他的劍砍下他的頭（《友第德記》13:4）。這故事令人想起稍早被殺的外來入侵者西西拉。希百的妻子雅億，她把逃跑的將軍迎進帳篷，再以帳篷橛子從他鬢邊釘入（士師記 4:22）。

我們可以在這個故事找到回聲。《使女的故事》的奧芙弗雷德在大主教房間吻了他之後（這是被嚴禁之舉），盤算著要取下馬桶水箱的扳手，「銳角朝他，猛然插進他肋骨間。我想著鮮血汩汩而出，溫熱如湯，充滿性感，將我的手淹沒」（《使女的故事》第一五〇頁，見下頁圖十）。於是這故事拾起了女性對抗男性控制的古老主題，透過將她們放在一個想像的未來世界來概括現在。

這本小說也直接評論了聖經在這一切所扮演的角色。大主教仔細過濾聖經並加注了記號，才會讀給家人聽。

聖經鎖在櫃子，以防僕人偷走。它潛藏煽動性：萬一我們拿到，誰曉得我們會怎麼用？我們可以聽，由他來唸，但我們自己不可以讀。床邊故事時間到了，我們全熱切地轉向他……同一則故事，同一堆故事。神對亞當，神對挪亞。生養眾多，繁衍滿地。然後就是拉結跟利亞那些老掉牙的東西。

（《使女的故事》第九七至九九頁）

愛特伍對於利用聖經

圖十 《使女的故事》裡大主教和奧芙弗雷德的危險相遇。（圖片來源：© The Ronald Grant Archive.）

控制獨裁社會的描繪，盡顯幽微。她在《使女的故事》及續集《證詞》（*The Testaments*）中揭露出，若要規範性地閱讀聖經來支撐特定的規定與習俗，就必得嚴格管控此書。唯有嚴選段落，妥善解釋，才准予使用。在《證詞》（三〇二至三〇三頁）中，當艾格尼絲（Agnes）拿到整本聖經，發現「基列政府動了什麼手腳，加了什麼、又減了什麼」時，她對基列的信念開始動搖。未經控制與刪除，聖經就難以預測、充滿危險、具煽動性。

文化根源

聖經能夠激發各式各樣的文化表現形式，人們可以利用它做很多事，無論是好還是壞，讓人「一打開它」即可自由發揮；聖經精彩豐饒，本章只能驚鴻一瞥。我們社會的部分問題在於對聖經的普遍無知。愛特伍小說中的使女們，對聖經的了解僅有被告知的部分，對它的顛覆能力卻毫無所覺。我們連支撐自己以及社會習俗的維繫是出自聖經哪些主題都不知道，依這種程度來看，我們的處境恐怕更糟。我們能依據什麼來針砭社會？更別說是復興其中的聖經要素。若深入賞析這個文化遺緒的路遭到阻斷，那麼將喪失讓聖經發揮更多解放與救贖的機會。

第十一章

結論

我希望這本對聖經及其運用的簡介，多少有呈現出它在詮釋和使用上的豐富性。作為宗教與道德規範的依據，它曾幫助社群緊緊凝聚，彼此守護，然而卻也是這個強烈的歸屬感，曾挑起種族、國族的緊張與衝突。它曾激發人類思想、文學、藝術上的偉大建樹，同樣曾助長人類一些凶殘、自私、自利的最壞惡行。它曾激勵人們奮不顧身，爭取自由與人類進展，也曾提供了意識形態養分，讓某些族群奴役人類同胞，使其陷於赤貧。它滋養著基督教的偉大復興，近期於亞非兩洲更是發展不凡。

換言之，聖經激發出偉大的真理、善行、美好，同時也助長了謊言、惡行、醜陋。它未曾帶來的是，對它一致的閱讀與詮釋。道理很簡單：文本將被如何閱讀，它們無能掌控。「文本，」羅伯·摩根（Robert Morgan）寫道，「就像死人，一無權利。」〔《聖經詮釋》（*Biblical Interpretation*），第七頁〕。帶來閱讀的是讀者或群體。閱讀的多樣性與讀者群的多樣性成正比。

但這種多樣性不應完全歸責於讀者的多樣性。聖經材料本身之豐富，經卷書寫過程複雜，隱喻、詩歌、敘事、論述多彩多姿，這些很難讓人期望這套文集能有毫無爭議的單一解讀。在任何時候任何地點，聖經的眾多讀者有太多東西可以選擇，每一個機會都可以強調不同的面向。對宗教社群的領袖來說，聖經這種多樣性當然令他們擔心。在他們眼中，這些聖典是宗教與倫理規範之源，是顯示真理之處。建立一個清單，收納公認權威的經卷且排除其他，這樣一個正典化的過程，正是限制社群信仰多樣性與歧異的手段之一。在基督教中，新約這第二套正典的誕生，就是企圖要決定與限制閱讀方式：閱讀舊約得透過新約的角度。但同時，透過與舊約的連結，新約也得到特殊的意義。

此外，當正典劃清界線，界內的經卷便不能再以同等眼光看待，至少接受它們為正典的社群是如此。此時它們已是權威讀物：它們成為神的話語，對不同的觀點勢必有容忍限度。文本一旦被正典化，信徒的期待便陡然高升。讀者必須從「善意理解原則」（principle of charity）出發，不僅要由此去理解這些正典（即便當中有些顯得晦澀難解），更要由此去解釋那些明顯或確實存在的矛盾，並修正某些段落的意義，否則將牴觸權威中心的教導。

但神聖文獻的正典化，其實對處理宗教歧異是十分粗糙的辦法。只要看看新教，那麼多不同教會卻都採用同樣的正典，就足以說明一切。硬要有統一的經文解釋，進而確保社群穩定，必得訴諸其他策略。這有不同的途徑。首先，可以限制接觸聖典的管道。只有具備所需技能和資格的讀者，以確保解讀的一致性與延續性來詮釋，才能獲得閱讀許可。在猶太教裡，這個角色落在學者／拉比身上。基督教則由主教等教會領袖管轄的牧師來承擔。

這些詮釋者的任務，一來是展示詮釋原則，二來是以確保經文合乎社群規範且前後一致的方式進行解讀。面對聖經的包羅萬象，不僅需要制訂策略來調解「顯然違背社群核心信念」的段落，還須明訂重點——凸顯特定文本，貶低其它。這絕對需要運用一些技巧，例如寓言，好把其它意義擺進字面不甚高尚、或純粹違背社群信仰規則的文本之中。詮釋聖經的歷史，為尋求精妙闡述與想像之人，提供了豐富庫藏。

在這樣的規則與詮釋下，就有了控制閱讀多樣性的空間。詮釋者可將文本與讀者經驗串聯起來，然後如我們所見，讓這些經驗再影響文本重述。爭論與糾紛難免，真正的分歧也有。中世紀教會控制解讀的手段包括神學與政治上的高壓，以及容許一定程度的不同神學、生活方式與宗教秩序。它還無情地打壓，或將它認為的異端者——猶太人、卡特里派（Cathars）、胡斯派（Hussites）等進行邊緣化。它當然也產生一定的異議者，其中就包括破壞其一致性的奧古斯丁修士馬丁．路德。

路德抨擊教會的聖事規定——分配恩典的神職壟斷，這全然屬於內部攻擊，而他依據的是他對保羅文本中「因信稱義」的解釋。這需要遵從嚴格語法來閱讀這些文本，毫無違反中世紀晚期教會的規定。路德本人是合格的聖經教師，在正常情況下，這種異常行徑本可內部處理，但他的攻擊之所以會一發不可收拾有幾個原因，而印刷術的發明居功厥偉，他的觀點因此得以快速散播。在此同時，他（與其他人）將聖經譯為白話，讓廣大民眾得以閱讀往昔只有神職人員得見的文本。神職壟斷遭到打破，從此以後，所有人都能成為自己的解經者。

其後盛開的嶄新聖經詮釋、宗教信仰和生活方式，說是改革並不盡恰當。宗教改革家或許更認同這樣的說法：回歸教會的真正形式，正如經文向那些願意閱讀並遵循字面簡單意義的人所揭示的那樣。而實際狀況更像是打開了潘朵拉的盒子：風兒一旦出來，不可能再鎖回去。舊的讀經方式將繼續與各種新的讀經方式並存。新的宗教社群將遍布歐洲，進而廣被全球。這個時代屬於偉大的革新與生命，卻也將造成激烈的衝突與指責；十六世紀上半葉，歐洲近三分之一的人口死於宗教戰爭。而儘管有如此多的衝突，聖經仍是許多社群的生活基礎，同時如我們所見，它在世界各地扎下了根，包括曾因它之名而遭受凌虐的地方。閱讀聖經的百花齊放，看來會如以下所說，將是尋常現象：

每個人皆可是自己的解經者（相對天主教認為，由教會會議認定的才是聖經真正的釋義），這個新教原則遭到十六世紀一位天主教學者如此貶抑：

「這位聖經專家是一個人，教會會議的神父可至無數。這位聖經專家是一頭羊……會議神父是牧師是主教。這位聖經專家單獨禱告，會議神父為所有出席會議者禱告，亦即為整個基督教世界禱告……這位聖經專家可能是目不識丁的婦人，而他們……是基督教世界最博學多聞的男性。」

瓦勒瑞亞尼斯．麥尼（Valerianus Magni），《對非天主教徒信仰規則之審視》（*De acatholicorum credendi regular indicium*）

當然，仍有人相信這種趨勢可以逆轉。有人相信其社群仍握有正確解釋經文之鑰，無論那是某種無可置疑的指導單位、某種神學規定、可作為經文真義考驗的告解，或甚至是能傳遞經文原始及單一意義的歷史方法。

神學之鑰的問題在於：要麼它們太過特定，與某個社群綁得太緊，以致無法解決社群間的紛爭；要麼它們太過一般，幾無框架，以致無法處理特定差異。舉例來說，若某特定教會想支持一項宗教改革的信仰告白（confessions of faith）來作為「信仰附從準則」，或許能因此解決內部對經文解釋上的紛爭，但它無法解決教派間的差異，而信仰告白之間的差異，才正是問題的核心。另一方面，若有人想提議採取相當普遍的解釋原則，例如所有的解釋應大致符合三位一體，這只會產生相對薄弱的規則，無法裁決不同基督教派的解讀詮釋；當然，若是處理跨宗教的歧見，又會顯得太多基督教屬性而派不上用場。

另一種途徑是設法找出某種足夠中立的解釋，適用所有的文化立場。此時很多人認為，歷史批評的方法最為適合，就像路德提出「使徒想要什麼」的問題，來解決羅馬書某段經文的意義紛爭，我們或許也可藉著探詢作者本意來解決其他爭論。不過這個提議有幾個問題。首先，作者意向能否解決問題，這一點值得商榷。作者的本意是否都那麼明確？艾略特有一次被問到，某個對他詩作的詮釋是否符合他的原意，他回答說：「我的原意就是我所寫的。」其次，這個問題可能更大：歷史學者難免會受自己的觀點影響。這有一部分的原因是：他們置身某種閱讀傳統，有自己的知識體系、文化信念與立場；一部分是出於他們在更廣泛的文化背景下所形成的個人品味、偏好與偏見。這一切都將形塑他們的判斷，以致歷史學者終將做出種種不同的詮釋。歷史學者很清楚這一點，除非他看不見歷史詮釋的多樣性（出自知名學者們）。然而，這不表示尋求歷史論點毫無幫助，也不表示我們無法經由這種途徑學到東西，這意味著：仰賴這種論點，許多紛爭幾乎無法解決。

聖經讀者或許得接受這個事實：它有很大的機會產生不同的意義。或許實際上，他們不僅應該要把這個視為聖經的問題，同時也視作是它的強項。這結果不容小覷。首先，這意味著：聖經對任何社群的規範作用將明顯弱化。當聖經被公認可承載多種意義時，其作為行為準則或甚至信仰教條的效用就頗為有限。但是，難道不是一向如此嗎？猶太人會從《塔木德經》尋求實踐與信仰的規範，基督徒在管理事務時會訴諸某些信仰準則或大公會議教規，這都清楚顯示出實際上眾所公認：聖經不是太過豐富、太過多樣，就是太過模稜兩可，無法勝任《拿破崙法典》的任務。另一方面，知道聖經可能產生不同的意義，不代表它的形塑作用同樣會被削減。我們整個論證一直企圖證明：聖經對許多社群的形成過程具有何等力量。這種力量不是沒有危險，它曾導致一些深受壓迫的殖民社群，正如它也曾產生革新者、解放主義政治家，與致力和平者。

這絕對意味著，我們必須學習更批判性地去閱讀聖經。我們必須對經文裡各種聲音更加敏銳。同樣，我們也得留意聖經可能被運用的各種情況，學會辨別。

面對這些任務，我們談過的各種方法都有其發揮空間。宗教歷史學家鑑別經文中的各種傾向和影響，可以幫助我們警覺當中的複雜性。薛絲麗—費蘭札對路加福音父權的分析，使我們意識到某些傳統在聖經裡——到後來的聖經閱讀——如何被邊緣化，於是我們有能力聽到原本可能忽略的聲音。同樣地，葛雷充滿想像地運用曠野主題，或能激勵人們撐過在父權思想下教會生活的辛苦，進而找出更加包容、更具人性的共同生活模式。

再次強調，讀者不免會遵循所屬社群的規定和詮釋慣例。基督徒社群裡的人，自然深受基督教經卷形式的影響。它將新約與舊約並置，打造出一個強大的神學架構供閱讀遨遊其間，正如我們在屠圖詮釋拿伯故事時所看到的。

即便如此，讀者仍須仔細判別，上述任何一個方法都可能產生不同的解釋。此時他們在某種意義上，被丟回了自己的道德資源。但這並非只是各人對聖經做出判斷的問題，閱讀的過程其實更加複雜。首先，讀者幾乎都不是自己一人：他們屬於社群，這個社群由經文塑成，又相對形成自己的道德觀。因此，慎思的讀者總會拿經文、也拿自身經驗來檢驗既有的道德觀，就像我們看到的許多例子。這會延展還是破裂？閱讀中是否會有其他的觀念——就某個角度而言不無可能——跳出看似僵局的局面，為逐漸乾涸的傳統帶來革新，或結果更糟導致壓迫與自欺？

此外，在閱讀經文過程中，讀者並非只仰賴本身既有的價值觀。在他們學習辨別文本中的不同聲音、辨別各種詮釋與文本結構時，他們的道德與宗教想像以及判斷力都不斷在提升。當具備這種鑑別、審慎的閱讀時，公共傳統就得到滋養，能保持活力；若欠缺這種鑑別、審慎的閱讀或被邊緣化，那麼傳統就會凋萎，但即便如此，也不至於失去一切；時不時，總會出現道德與先知人物，經文的概念與意象深烙在他們腦海裡，他們也許會對承襲的傳統進行革新，也許會自創全新的社群。

聖經有一項我們甚少留意的不凡特色：它的年紀。它最早的材料約有三千年之久，絕大部分落在兩千年，新約也只年輕一點點。不時總有人懷疑，這樣古老的文本，怎有辦法與遙遠未來的人們溝通。當然了，如果這些文本只局限在它們對第一批聽眾所傳達（及預定要傳達）的意義，我們很可能就會懷疑，它們在現今這樣一個不同的時代中是否能有任何未來。但聖經的歷史證明，其中的故事、意象、隱喻、道德與宗教觀念，形塑過太多民族的經驗和理解，而且仍在持續影響中。非洲和亞洲的近期歷史顯示，這股力量並沒有消退，所需的只是明辨慎思的讀者，明白聖經有賦予生命的潛力，並提防其中的黑暗聲音。

參考文獻與延伸閱讀

除非文中另有說明，聖經參考文獻均取自修訂後的標準版本。

第一章　現代的聖經：經典抑或聖典？

Daniel Boyarin, *A Radical Jew: Paul and the Politics of Identity* (University of California Press, Berkeley, 1994).

Malise Ruthven, *The Divine Supermarket: Shopping for God in America* (Vintage, London, 1991).

第二章　聖經著作如何寫成？

在新版的 *Anchor Bible Dictionary* (Doubleday, New York, 1992) 相關文章中，對聖經各書卷的形成歷史有很好的介紹。The article on Torah (Pentateuch), vol. 6, pp. 605–22, by Richard Friedman is particularly helpful. For the Synoptic Gospels, see Scot

McKnight, John K. Riches, William Telford, and Christopher M. Tuckett, *Synoptic Gospels* (Bloomsbury, London, 2001); Graham Stanton, *The Gospels and Jesus* (Oxford University Press, Oxford, 1989). For a general introduction to Paul and his writings, see E. P. Sanders, *Paul* (Oxford University Press, Oxford, 1991). John Barton's *A History of the Bible: The Book and its Faiths* (Penguin Books, London, 2020)，他提出了關於希伯來敘事風格、傳奇風格與口頭材料的接近程度。他的書是深入了解聖經誕生的歷史過程的豐富資源。

第三章　聖經的成書

The articles on 'Canon' by James A. Sanders and Harry Y. Gamble in the *Anchor Bible Dictionary*, vol. 1, pp. 837–61, are very useful. John Barton has made a particular study of the origin of the canon and of the nature of its authority: see especially his *People of the Book? The Authority of the Bible in Christianity* (SPCK, London, 1988); and *Making the Christian Bible* (Darton, Longman and Todd, London, 1997). See too James

A. Sanders, *From Sacred Story to Sacred Text* (Fortress Press, Philadelphia, 1987). Moshe Halberthal, *People of the Book: Canon, Meaning, and Authority* (Harvard University Press, Cambridge, Mass., 1997)，該書對不同類型的教規權威以及教規化對文本閱讀方式的影響，有精采的探討。

第四章　聖經的翻譯、製作與流傳

本章在很大程度上歸功於以下文獻：John Riches (ed.), *The New Cambridge History of the Bible: From 1750 to the Present* (Cambridge University Press, Cambridge, 2015): Leslie Howsam and Scott Mclaren, 'Producing the text: production and distribution of popular editions of the Bible', pp. 49–82; Lamin Sanneh, 'Translations of the Bible and the cultural impulse', pp. 83–123; Nestor Miguez, 'The Bible in Latin America', pp. 427–60; David Thompson, 'The Bible in Europe', pp. 497–519. There is also much to be learnt from Diarmaid MacCulloch's *Reformation: Europe's House Divided 1490–1700* (Penguin,

London, 2004); see p. 75 for an important reminder of lay interest in the reading of the Bible before Luther. Lamin Sanneh's views are developed more fully in his *Translating the Messsage: The Missionary Impact on Culture* (Orbis Books, Maryknoll, NY, 1997), quotation p. 160.

第五章　猶太人與基督徒眼中的綑綁以撒

The text of the book of Jubilees is to be found in J. Charlesworth (ed.), *The Old Testament Pseudepigrapha* (Darton, Longman and Todd, London, 1985), vol. 2, pp. 35–142; Philo's *De Abrahamo* is in the Loeb Classical Library Philo vol. 6 (Harvard University Press, Cambridge, Mass., 1984), pp. 2–135. Shalom Spiegel, *The Last Trial: On the Legends and Lore of the Command to Abraham to offer Isaac as a Sacrifice: The Akedah* (Jewish Lights Publishing, Woodstock, Vt, 1993), provides a rich discussion of Jewish retellings of the story, together with the text of the poems cited here: pp. 20–1;

148–9. The quotation from Judah Goldin's introduction is taken from p. xx. Soren Kierkegaard's discussion is in *Fear and Trembling* (ed. and trans. H. V. and E. H. Hong, Princeton University Press, Princeton, 1983, quotation, p. 21).

第六章　加拉太書的歷史

- 本章主要引自我的著作：*Galatians Through the Centuries*, Wiley-Blackwell Biblical Commentaries (Wiley-Blackwell, Chichester, 2008).
- 引用作品的文本有：Marcion's works have been lost and need to be reconstructed: see Judith M. Lieu, *Marcion and the Making of a Heretic: God and Scripture in the Second Century* (Cambridge University Press, Cambridge, 2015). The Gospel of Philip is found in Bentley Layton, *The Gnostic Scriptures,* Anchor Bible Reference Library (Yale University Press, New Haven, 2007). There is an excellent edition of Augustine's commentary in Eric Plumer, *Augustine's Commentary on Galatians: Introduction, Text,*

Translation, and Notes (Oxford University Press, Oxford, 2003). The most accessible edition of John Chrysostom's commentary is in the Library of the Nicene and Post-Nicene Fathers (NPNF), vol 13. For Aquinas, see his *Commentary on St. Paul's Epistle to the Galatians*, trans. F. R. Larcher, OP, Aquinas Scripture Series (Magi Books, Albany, NY, 1966). Luther's Galatians Commentary is found in *Luther's Works: American Edition*, vol. 27, ed. Jaroslav Pelikan (Concordia Publishing House, St Louis, 1973) (LW). I have quoted from the English translation which Bunyan and the Wesleys will have read: *A Commentary on St. Paul's Epistle to the Galatians. Based on Lectures Delivered by Martin Luther at the University of* Wittenberg in the Year 1531 and first published in 1535. A Revised and Completed Translation Based on the 'Middleton' Edition of the English Version of 1575 (James Clarke, London, 1953), pp. 500–1. The quotations about the Wesleys are taken from the Preface, pp. 1–15 by the editor, Philip S. Watson. For Calvin see John Calvin, *The Institutes of the Christian Religion* (James Clarke, London, 1949) (*Inst.*). For Bunyan, see John Bunyan, *Grace Abounding to the Chief of Sinners*, ed. John Brown (Cambridge University Press, Cambridge, 1907), p. 41.

- The question, was Paul responsible for the development of the introspective consciousness of the West, was raised by Krister Stendahl in an address to the Annual Meeting of the American Psychological Society in 1961: 'The Apostle Paul and the introspective conscience of the West', in *Paul Among Jews and Gentiles and other Essays* (Fortress Press, Philadelphia, 1976). New Testament scholars have, for the most part, followed Stendahl in attributing this development to Augustine and Luther, and in seeing it in wholly negative terms: 'The introspective conscience is a Western development and a Western plague' (p. 17). For a critical response, see my 'Readings of Augustine on Paul: their impact on critical studies of Paul' in Daniel Patte and Eugene TeSelle (eds), *Engaging Augustine on Romans: Self, Context, and Theology in Interpretation* (Trinity Press International, Harrisburg, Pa, 2002), pp. 173–98. For a weighty counterview of the origins and nature of Western inwardness, as leading to the affirmation of ordinary life, see Charles Taylor, *Sources of the Self: The Making of*

Modern Identity (Cambridge University Press, Cambridge, 1989).

第七章　聖經與各方的評論

路德談公義的恩賜：John Dillenberger, *Martin Luther: Selections from his Writings* (Doubleday, New York, 1961), p. 11. For Melanchthon's rejection of Copernicus: Klaus Scholder, *The Birth of Modern Critical Theology: Origins and Problems of Biblical Criticism in the Seventeenth Century* (SCM Press, London, 1990), p. 49, citing *Corpus Reformatorum* 13, cols 216–17. For the view that knowledge of the true causes of the movements of heavenly bodies is beyond the reach of our minds: Scholder, *The Birth of Modern Critical Theology*, pp. 47–8. For Thomas Sherlock: Leslie Stephen, *History of English Thought in the Eighteenth Century* (Rupert Hart-Davis, London, 1962), 2 vols, vol. 1, pp. 203–4. Quite the best treatment of the rise of biblical criticism is to be found in Scholder's *The Birth of Modern Critical Theology*. Dillenberger's *Martin Luther:*

Selections from his Writings gives a useful selection. Luther's discussion of his attempts to understand Romans 1:17 is to be found in The Preface to the Latin Writings of 1545. Stephen's *History of English Thought in the Eighteenth Century* is a classic treatment of English Deism. Reimarus: *Fragments*, ed. C. H. Talbert (SCM Press, London, 1970), gives a translation of only some of the sections of Reimarus' Apology which Lessing published. Henry Chadwick (ed.), *Lessing's Theological Writings: Selections in Translation* (A & C Black, London, 1956), gives some of the other important Lessing texts. Albert Schweitzer, *The Quest for the Historical Jesus: A Critical Study of its Progress from Reimarus to Wrede* (A & C Black, London, 1910, 2nd edn. 1936), is the most lasting literary work of this theologian, musicologist, organist, missionary doctor, and philosopher of religion.

第八章　後殖民時代的聖經

- An excellent guide to the use of the Bible in the colonial period is provided by Michael

Prior, CM, *The Bible and Colonialism: A Moral Critique* (Sheffield Academic Press, Sheffield, 1997. I have quoted from the following works cited by Prior: Pablo Richard, '1492: The violence of God and the future of Christianity', in Leonardo Boff and Virgil Elizondo (eds), '1492–1992: The Voice of the Victims', *Concilium*, 1990 (SCM Press, London, 1990), pp. 59–67 for the open letter from various indigenous groups inviting the Pope to take back the Bible to Europe; Maximiliano Salinas, 'The voices of those who speak up for the victims', *Concilium,* 1990 (SCM Press, London, 1990), pp. 101–9, for Bartolome de Las Casas' sermon at Pentecost in 1514. The Fray Toribio quotation, is found in Prior, *The Bible and Colonialism,* p. 61.

- Gustavo Gutierrez, A Theology of Liberation (SCM Press, London, 1971) is one of the classics of Liberation Theology. His later *The God of Life* (SCM Press, London, 1991) is in the form of a biblical meditation. G. Pixley, *On Exodus: A Liberation Perspective* (Orbis, Maryknoll, NY, 1983) takes up the work of Norman Gottwald, Israel, 1250–1050 BCE *The Tribes of Yahweh: A Sociology of Religion of Liberated* (SCM Press, London,

1979). Desmond Tutu, *Hope and Suffering* (Collins, London, 1984), brings together a collection of Tutu's sermons and speeches delivered during the apartheid era. Musa W. Dube, 'Readings of Semoya: Botswana women's interpretation of Matt. 15: 21–8', in Gerald West and Musa W. Dube (eds), *'Reading With': An Exploration of the Interface between Critical and Ordinary Readings of the Bible: African Overtures*, Semeia 73 (Scholars Press, Atlanta, Ga, 1996), is part of a volume of essays exploring African readings of the Bible.

第九章　當聖經置身政治時

Quotations from Luther are taken from John Dillenberger, *Martin Luther: Selections from his Writings* (Doubleday, New York, 1961). Ulrich Luz, 'Die Bergpredigt im Spiegel ihrer Wirkungsgeschichte', in Jurgen Moltmann (ed.), *Nachfolge und Bergpredigt* (Kaiser Verlag, Munich, 1981), pp. 31–72. Daniel J. Boorstin, *The Americans: The Colonial*

Experience (Vintage Books, New York, 1958), pp. 33–69, gives a critical view of Quaker history in Pennsylvania. The classic Quaker text is to be found in Rufus M. Jones (ed.), *The Journal of George Fox* (Friends United Press, Richmond, Ind., 1976). Phyllis Tribble's *Texts of Terror: Literary Feminist Readings of the Biblical Narratives*, Overtures to Biblical Theology (Fortress Press, Philadelphia, 1984) exposes the dark and deep roots of patriarchy in the biblical texts. Elisabeth Schussler-Fiorenza, *In Memory of Her: A Feminist Theological Reconstruction of Christian Origins* (Crossroad, New York, 1983), uses historical research into the New Testament to uncover the more liberative strands which lie behind it. The importance of this for the understanding of the Church is drawn out in her *Discipleship of Equals: A Critical Feminist Ekklesia-logy of Liberation* (SCM Press, London, 1993). Mary Grey, *Beyond the Dark Night: A Way Forward for the Church* (Cassell, London, 1997), looks for ways out of the present dilemma of the Catholic Church.

第十章　高雅文化與通俗文化中的聖經

Northrop Frye, *The Great Code: The Bible and Literature* (Harcourt Brace Jovanovich, New York, 1981), was one of the foundational works in the study of the influence of the Bible on European literature. For a general introduction to Bach's music, see Malcolm Boyd, *Bach* (Oxford University Press, Oxford, 1990). Owen's poems are most easily available in C. Day Lewis (ed.), *The Collected Poems of Wilfred Owen* (Chatto & Windus, London, 1977). Mieke Bal, *Reading 'Rembrandt': Beyond the Word–Image Opposition* (Cambridge University Press, Cambridge, 1992), gives a fascinating account of Rembrandt as an interpreter of the Bible. Peter Black with Erma Hermens provided a wonderfully detailed study of the Glasgow *Entombment Sketch* in *Rembrandt and the Passion* (Prestel, London, 2012). Margaret Atwood, *The Handmaid's Tale* (Virago Press, London, 1987) is also discussed in David Jasper and Stephen Prickett (eds), *The Bible and Literature: A Reader* (Blackwell, Oxford, 1999). Its sequel was published as *The*

Testaments (Chatto & Windus, London, 2019).

第十一章　結論

Robert Morgan with John Barton, *Biblical Interpretation* (Oxford University Press, Oxford, 1988). Valerianus Magni is quoted from Klaus Scholder, *The Birth of Modern Critical Theology: Origins and Problems of Biblical Criticism in the Seventeenth Century* (SCM Press, London, 1990), p. 18.

國家圖書館出版品預行編目(CIP)資料

聖經：經典聖典的跨時空解讀／約翰．李奇斯（John Riches）著；劉凡恩譯．-- 初版．-- 臺北市：日出出版：大雁文化事業股份有限公司發行，2022.08
224 面；14.8×20.9 公分．
譯自：The Bible : a very short introduction, 2nd ed.
ISBN 978-626-7044-61-2（平裝）

1.CST: 聖經　2.CST: 注釋

241.03　111010549

聖經：經典聖典的跨時空解讀

The Bible: A Very Short Introduction, Second Edition

作　　者　約翰．李奇斯 John Riches
譯　　者　劉凡恩
責任編輯　夏于翔
封面設計　萬勝安
內頁排版　李秀菊
發 行 人　蘇拾平
總 編 輯　蘇拾平
副總編輯　王辰元
資深主編　夏于翔
主　　編　李明瑾
業　　務　王綬晨、邱紹溢
行　　銷　曾曉玲
出　　版　日出出版
　　　　　地址：台北市復興北路 333 號 11 樓之 4
　　　　　電話（02）27182001　傳真：（02）27181258
發　　行　大雁文化事業股份有限公司
　　　　　地址：台北市復興北路 333 號 11 樓之 4
　　　　　電話（02）27182001　傳真：（02）27181258
　　　　　讀者服務信箱 E-mail:andbooks@andbooks.com.tw
　　　　　劃撥帳號：19983379 戶名：大雁文化事業股份有限公司
初版一刷　2022 年 8 月
定　　價　350 元

ISBN 978-626-7044-61-2